Oliver Welling

Olivers glutenfreie Backwelt 2

Impressum

Olivers glutenfreie Backwelt 2

Oliver Welling, *www.olivers-glutenfreie-welt.de*

1. Auflage 2022

Regionalia Apart,
ein Imprint der Kraterleuchten GmbH, Gartenstraße 3, 54550 Daun | Verlagsleitung: Sven Nieder

Fotografie: Oliver Götz | Fotostudios Nieder (S. 6) | Olivers Community, Einzelnachweise an den Fotos
Gestaltung, Satz, Umschlag, Illustrationen: Björn Pollmeyer
Lektorat: Tim Becker

Gedruckt in der Europäischen Union, Finidr, CZ

FSC www.fsc.org MIX Papier aus verantwortungsvollen Quellen FSC® C014138

ISBN 978-3-95540-705-6
www.regionalia-apart.de

Oliver Welling

Olivers glutenfreie Backwelt 2

REGIONALIA
apart

Brot und Brötchen

Hefe- und Spezialgebäcke

Sandmassen

Mürbeteig und Süßes

Biskuit und Cremes

Kuchen und Torten

Snacks und deftige Gebäcke

Kochen

Vorwort

Die Welt des glutenfreien Backens ist meine große Leidenschaft!

Nach dem großen Erfolg meines ersten Bandes bin ich glücklich, Euch nun viele neue Rezepte und Ideen vorzustellen zu können: Damit Ihr Alle weiterhin große Freude habt, beim glutenfreien Backen so richtig aus dem Vollen zu schöpfen.

Als Als Bäcker-, Konditormeister und Lebensmitteltechniker habe ich alle meine Rezepte mehrfach auf den Prüfstand gestellt. Damit Ihr sofort gelingsicher mit dem Backen loslegen könnt! Dabei haben mir die glutenfreien Mehle von Schär im Laufe der Zeit viele Möglichkeiten eröffnet, einfache und sichere Rezepte zu entwickeln, die Euch Spaß beim Backen machen – und die Ihr mit Genuss essen könnt. Dazu benötigt Ihr noch nicht einmal irgendwelche Zusatzmittel! Und: sie schmecken einfach lecker.

Als ich meine ersten Rezepte zu Testzwecken auf Facebook veröffentlicht habe, ahnte ich nicht, welche Eigendynamik sie in so kurzer Zeit entwickeln würden. Als Eure Nachfrage nach weiteren zuverlässigen Ideen stieg, gründete ich meine Gruppe »Olivers glutenfreie Rezepte«, die inzwischen weit über 28.000 Mitglieder aus aller Welt vereint.

Ich freue mich, Euch nun einen Teil meiner dort veröffentlichten Rezepte und einige exklusive Neuheiten in diesem Buch zu präsentieren. Verschönert sind viele der Rezepte mit Bildern von Mitgliedern meiner Gruppe, damit Ihr seht, wie sicher und einfach diese Rezepte nachzubacken sind.

Ihr findet auch viele Tipps und Tricks, Hinweise zur Herstellung und vieles mehr in meinem Kapitel »FAQ und Warenkunde«. Dort erläutere ich Euch wichtige Fachbegriffe und notwendige Vorgehensweisen. Hier findet Ihr Antworten auf viele Fragen und habt optimalen Spaß beim Backen und Genießen – wie zu glutenhaltigen Zeiten (vielleicht sogar mehr).

Wenn Ihr weitere Anregungen braucht: Auf meinem YouTube-Kanal (Olivers glutenfreie Rezepte) findet Ihr zusätzlich erläuternde Videos; in meiner Facebook-Gruppe beantworte ich mit meinen Administratoren persönlich und schnell Eure Fragen – und wir helfen Euch gerne, wenn mal etwas nicht so recht gelingen sollte. Meine Rezeptsammlung findet ihr auf *www.olivers-glutenfreie-welt.de* – und im Laufe der Zeit noch viel mehr …

Ich wünsche mir, dass Ihr mit meinen Rezepten eine bessere Lebensqualität gewinnen könnt.

Fast alle Rezepte in meinem Buch können vegan gebacken werden, indem Ihr die entsprechenden Zutaten entsprechend durch vegane ersetzt. Wenn Ihr Eier ersetzen wollt, findet Ihr gute Tipps hierzu in meinem Kapitel FAQ und Warenkunde.

In diesem Sinne – viel Genuss und Spaß beim Backen!

Euer

O. Welg.

Oliver Welling

FAQ und Warenkunde

1. Grundsätzliche Informationen zum glutenfreien Backen

Hallo Wellingianer, einige von euch entpuppen sich als richtige Backnerds … Bravo! Hier seid ihr richtig! Für euch habe ich eine kleine Erklärung zusammengestellt. Das ist aber nicht nur für die Nerds, nein … gerade auch Backanfänger sollten sich das durchlesen. Es hilft unsere Diven – die glutenfreien Teige – zu verstehen.

Tipps und Tricks

Wie unterscheiden sich glutenfreie Teige (gf Teige) von glutenhaltigen Teigen (gh Teigen) beim Backen, und wie kann man das Wissen nutzen?

Grundsätzliches

- Bei getreidehaltigen Teigen entsteht durch die Zugabe von Wasser und durch Kneten aus bestimmten Eiweißen das sogenannte Klebereiweiß, auch Gluten genannt. Vereinfacht gesagt, kann dieses Gluten sehr stabil und fest bis zu weich und dehnfähig sein, abhängig von Wassermenge und Quellzeit. Wenn man einen Teig rund macht oder anderweitig bearbeitet, muss man relativ viel Energie, also Kraft dafür aufwenden, um Stabilität zu erzeugen. Bei zu viel Kraft kann das Gluten-Gerüst auch reißen und den Halt verlieren. Insgesamt gesehen ist es aber stabiler und hat ein sehr gutes Gashaltevermögen. Deswegen gehen glutenhaltige Teige auch mehr auf.

- Bei glutenfreien Teigen muss das Gluten durch andere Stoffe, wie Wasserbinder und Stabilitätsgeber, ersetzt werden, den sogenannten Hydrokolloiden. Fehlen diese, ergibt es bestenfalls dünne Fladenbrote. Die Haltestrukturen bilden sich wie bei den gh Teigen beim Kneten, haben aber nicht die gleiche Stabilität. Durch Teigruhe können diese »Bindemittel« nachquellen, und dies erhöht die Stabilität des Teiges. Die Bindemittel bestehen in der Regel aus natürlichen Bestandteilen. Die Stabilität von gf Teigen ist nie so stabil wie bei gh Teigen. Aus diesem Grund sollte man beim Weiterverarbeiten des Teiges nur zart dosierte Kraft einsetzen, z.B. beim Flachdrücken des Teiges mit Gefühl Druck ausüben, sonst reißt die Haltestruktur. Die Bindemittel können kein so stabiles Gerüst erzeugen wie das Klebereiweiß bei gh Teigen.

- Gh Teige dehnen sich bei der Gare stärker aus, da das Klebergerüst stabil und gleichzeitig dehnfähig ist. Bei gf Teigen ist dies, wie oben beschrieben, nicht der Fall, hier ist das Gerüst eher unelastisch und reißt schnell. Deswegen gibt man in den gf Teig Öl, dies erhöht die Elastizität. Auf Grund der geringen Elastizität gehen die gf Teige bei der Gare viel weniger auf als gh Teige.

- Beim Backen dehnt sich bei gh Teigen die Kleberstruktur aus, da sich die Feuchtigkeit im Teig in Wasserdampf verwandelt und die Gase der Hefe sich auch ausdehnen. Dies funktioniert bis zu dem Punkt, an dem außen an der Oberfläche über 75 °C entstanden sind. Ist diese Temperatur erreicht, ist die Kleberstruktur aus Eiweiß denaturiert, also fest geworden. Dieser Vorgang dauert ca. 5–10 Minuten. Wichtig ist auch hier der Wasserdampf innerhalb der ersten Sekunden, er macht das Ganze noch dehnfähiger und verhindert bei gh Teigen auch die Rissbildung.

- Bei gf Teigen erfolgt die Volumenzunahme beim Backen ebenfalls durch Feuchtigkeit bzw. Wasserdampf sowie durch die Gase der Hefe, die sich im Teig ausdehnen. Dieser Vorgang dauert bei gf Teigen allerdings viel länger, d.h. glutenfreie Teige haben eine Volumenzunahme im Ofen, die mindestens 18–20 Minuten andauert. Der Wasserdampf, der beim Backen erzeugt wird, und das Öl im Teig unterstützen diesen Vorgang. Bei gf Teigen dauert dies deswegen so lange, da die Stärken und Hydrokolloiden erst viel später als das Eiweiß fest werden (Verkleistern heißt das bei der Stärke) und dabei das Wasser binden.

Daraus folgt

- Wenn der gf Teig zu fest, zu lange, zu intensiv geknetet oder bearbeitet wird, bekommt er eine schlechte Stabilität und wird beim Backen flach. Wenn gf Mehle zu warmer oder zu kalter Flüssigkeit hinzugefügt werden (egal ob Wasser oder Milch), ist es ähnlich, da die Flüssigkeit durch Kälte zu wenig gebunden wird oder der Teig durch zu viel Wärme weich bleibt. Darum bitte die Temperaturangabe für Flüssigkeiten in den Rezepten beachten. Auch zu warme Gare oder Teigruhe sorgt dafür, dass der Teig sich nicht optimal stabilisieren kann und die Wasserbinder anfangen, das Wasser schneller wieder abzugeben. Dies macht den Teig dann instabiler, weicher, klebriger, und das ergibt weniger Volumen beim Backen. Darum z.B. nicht im Ofen garen, auch nicht bei niedriger Temperatur! Also immer gf Teige mit Gefühl verarbeiten, aber schon mit zarter Kraft, und keine Angst, wenn das Volumen bei der Teigruhe oder der Gare klein bleibt. Wenn alles zu 100% vorher richtig gemacht wurde, dann kommt das Volumen im Ofen und das Gebäck wird schön.

2. Erklärung von Fachbegriffen

Hefeteig: Der süße Teig für Zöpfe & Co.

Brötchenteig/Brotteig/Teig: Der Teig für Brot usw., ohne Zucker.

Rührteig: Ein Teig, der als Grundlage Butter, Zucker und Ei in sehr hohen Anteilen hat.

Teig: Alles, was mit Knethaken gemacht wird.

Masse: Alles, was mit Schneebesen oder Flachrührer (z. B. K-Haken) aufgeschlagen wird, bzw. überhaupt aufgeschlagen werden kann.

Unterschied von Pudding und Creme:
Creme: (z. B. Vanille-Creme)
Wird auf dem Herd gekocht und abgebunden.
Pudding: Ähnliche Mischung wie Creme, nur dass die kalt zusammengerührte Mischung im Ofen im Wasserbad gestockt wird.
Diese Unterscheidungen sind wichtig, denn auch ein Hefeteig muss bspw. anders behandelt werden, als ein Brot- oder Brötchenteig.

Einwiegen: Einen Rohstoff direkt in eine auf der Waage stehende Schüssel abwiegen.

Teigruhe: Zeit vom Ende des Knetens bis zum Beginn des Formens der Teigstücke. Während der Teigruhe soll sich der Teig weiterentwickeln, das bedeutet, er quillt nach und bekommt dadurch mehr Stabilität und Festigkeit.

Schleifen: Das Formen der Brötchen nach der Teigruhe. Eine Technik, um Kugeln für die Brötchen zu erreichen, mit genug Spannung, damit die Form stabil bleibt, und es vermindert große Löcher, die im Brötchen entstehen könnten.

Gare: Zeit zwischen Formen und Backen des Teiges. Bei der Gare soll sich das Teigstück weitgehend lockern, damit das Gebäck eine schöne Krume und Volumen bekommt.

Abrösten: Einen oder mehrere Rohstoffe in einem Topf auf dem Herd mit starker Hitze rösten.

Teiglinge: Die rohen, ungebackenen Brötchen oder Brote.

Absteifen lassen: Bei Laugengebäcken der Vorgang, die gegarten Teiglinge im Kühlschrank unbedeckt eine Zeit lang fest werden zu lassen. Dadurch werden die Laugenteiglinge stabil, und die Oberfläche wird trocken.

Kuvertüre: Erste Qualität an Schokolade.
Dunkle Kuvertüre: besteht nur aus Kakaobutter, Kakaomasse und Zucker.
Helle Kuvertüre (oder Vollmilchkuvertüre): besteht nur aus Kakaobutter, Kakaomasse, Zucker und Milchpulver.
Weiße Kuvertüre (weiße Dekormasse): besteht nur aus Kakaobutter, Milchpulver, Zucker und Aroma.

Schokolade: Geringere Qualität als Kuvertüre sowie geringerer Kakaomasseanteil, da hier auch noch Aromastoffe und sonstige Stoffe zugesetzt werden dürfen.

Temperieren: Das Erwärmen von Kuvertüre oder Fondant auf die richtige Temperatur.

Brandig: Mürbeteig verliert seine Bindung bei zu langem Kneten oder wenn die Rohstoffe nicht kalt genug waren.

Dressieren: Weiterverarbeitung von Massen, geschlagener Sahne oder Buttercreme mit Spritzbeutel und Spritztülle.

Gerinnen: Buttercreme, Nougat, Ganache usw. gerinnen durch Zugabe von Flüssigkeit (zu geringer Fettgehalt) oder durch zu starke Erwärmung oder durch unterschiedlich kalte Zutaten. Milch gerinnt beim Kochen durch die Anhäufung von Milchsäurebakterien, wenn sie zu alt ist.

Arten von Massen:
Leichte Masse: Eine leichte Masse erkennt man am erhöhten Ei- bzw. Eiweißgehalt, z. B. Biskuit, Wiener Masse, Baiser, Dobos-Masse oder ähnliche.
Schwere Masse: Eine Masse mit vermindertem Ei-Anteil und Erhöhung des Fett- und Zuckeranteils, z. B. Sachertorte, Spanisch Vanille, Sandmassen, Kapseln für Petits Fours.
Brandmasse: Abgeröstete Masse mit hohem Ei-Anteil für z. B. Windbeutel, Kirschringe, Eclairs usw.
Makronenmasse: Masse aus Marzipan oder Mandelmasse, z. B. für Makronen usw.

3. Ein paar kleine Backtipps

- Weniger Wasser nehmen für einen Teig bedeutet zwar, er wird fester, ABER er wird auch trockener nach dem Backen und schneller fest und trocken während der Lagerung, also weniger Frischhaltung.

- Wenn der Teig nach der Teigruhe noch etwas klebt, ist Reismehl am besten zum Aufarbeiten. Denn es macht sehr schnell trocken, ABER bitte aufpassen. Je mehr Ihr nehmt, desto trockener wird es Außen. Das bedeutet: harte trockene Kruste nach dem Backen und eine graue nicht glänzende Kruste. Alternativ geht zwar auch jedes andere Mehl, aber Reismehl ist günstig, und man braucht echt wenig davon.

- Sollte der Teig etwas weicher sein und instabil, könnt ihr das Brot für die Gare auch ohne Gärkorb in einer Schüssel garen lassen. Einfach eine Schüssel nehmen, ein Tuch hinein und dieses dünn mit Reismehl einstreuen und den Teig dort reinlegen. Das ist fast das gleiche wie ein Garkörbchen.

- Weiche Brotteige müssen heiß angebacken werden, d.h. Ihr heizt den Ofen ca. 30 °C heißer auf, als das Rezept sagt, und wenn das Brot mit Wasserdampf in den Ofen kommt, dann den Ofen nach 5 Min. auf die Temperatur, die im Rezept steht, zurückdrehen. Dadurch bildet sich schneller eine stabile Kruste, und es läuft nicht mehr so in die Breite.

- Wenn das Brot nach dem Backen etwas wenig Glanz hat, dann einfach eine Sprühpistole mit kaltem Wasser füllen und DIREKT nach dem Ausbacken sehr dünn und kurz mit dem kalten Wasser absprühen. Dadurch werden die Dextrine fest, die sich beim Backen auf der Oberfläche bilden, und es entsteht ein leichter bis starker Glanz. Je nachdem, wie stark das Brot bemehlt war.

4. Temperaturen für alle Teige mit Hefe

Bei gf Teigen gelten nicht die gleichen Regeln wie bei gh Teigen, denn es handelt sich ja nicht um reines Mehl, das verwendet wird, sondern um Mehlmischungen.

Diese Mischungen enthalten Bindemittel und Ballaststoffe zum Stabilisieren des Teiges und des Gebäckes. Diese reagieren sehr unterschiedlich auf höhere Temperaturen, z. B. geben sie Wasser wieder ab und es wird klebrig. Oder sie quellen in der Teigruhe nicht nach oder sie verlieren die Stabilität oder alles zusammen.

Deswegen sind die verwendeten Temperaturen für Gare, Teigruhe und Rohstoffe anders als bei gf Teigen.

Meine generellen Empfehlungen lauten:

- Ist es Euch nicht zu kalt, dann dem Teig auch nicht.
- Kein Durchzug.
- Alle NICHT flüssigen Rohstoffe, Öl und Butter, sollten Raumtemperatur haben, auch wenn man z. B. gekochte Kartoffeln braucht (frisch gekocht), sollten sie Raumtemperatur haben. Es sei denn, im Rezept steht etwas anderes.
- Flüssige Rohstoffe wie Milch und Wasser sollten zwischen 32 und 30 °C haben, denn sie kühlen etwas ab, wenn man sie in die Schüssel gibt.
- Immer bei Teigruhe und Gare abdecken, wenn möglich, bzw. wenn der Teig nicht mit Ei-Milch-Mischung abgestrichen ist.
- Niemals den Teig in einen leicht aufgeheizten Ofen stellen, zum einen kann man das nie so einstellen, dass er die richtige Temperatur hat, zum anderen wenn Ihr messt, bekommt Ihr die Raumtemperatur, aber niemals die Temperatur der Heizstäbe, und diese heizen dann nach, wenn der Teig drin steht. Weiterhin gibt es zwar Öfen, die ein Programm haben dafür, dieses ist aber für gh Teige gemacht und ist meist bei 35–36 °C, was für die Inhaltsstoffe der Mehle nicht gut ist und für Probleme sorgen kann.
- Nicht in die Sonne oder auf die Heizung stellen
- Teigruhe einfach in der Schüssel machen, in der der Teig geknetet wurde. Abdecken und einfach in der Küche stehen lassen.
- Für die Gare einfach die geformten Gebäcke abgedeckt in der Küche stehen lassen.
- Hefe hat folgende Temperaturbereiche:

  Lebenstemperatur ca. 0–25 °C
  Vermehrung zwischen ca. 25–28 °C
  Gärung zwischen ca. 30–35 °C

All diese Temperaturen sind ca.-Angaben und bedeuten nicht, dass dies auch vorher oder später stattfindet. Durch diese Vorgänge erwärmt sich auch der Teig bei Gare und Teigruhe leicht, sodass im Teig meist andere Temperaturen herrschen wie im Raum.

5. Warum Teige abdecken und warum manche feucht und manche nicht?

Je nach Teig ist es notwendig, ein feuchtes Tuch draufzulegen, damit die Oberfläche nicht austrocknet, bei anderen wiederum ist es nicht notwendig oder eher der Teigqualität abträglich.

Warum Teige abdecken, egal ob trocken oder feucht?

- Teige sollten abgedeckt werden, damit sie nicht durch die Zugluft austrocknen. Egal ob feucht oder nicht (das hat nur wenig Einfluss auf den Teig). Zugluft ist sehr schlecht für Teige. Deswegen ist das Abdecken wichtig.

- Brot und Brötchenteige sollten feucht abgedeckt sein, da sie schneller austrocknen.

- Hefeteig braucht das nicht, denn durch den Fettanteil trocknet dieser Teig weniger aus, weil das Fett es verhindert.

- Maisfreier Teig z. B. braucht das sehr, denn er trocknet sehr schnell aus, da darf das Tuch sogar nass sein.

- Brot- und Brötchenteigen mit Körnern ist es abträglich. Daher ist es nicht notwendig, ein feuchtes Tuch zu nehmen, weil die Körner ja Wasser mit sich bringen und somit der Teig kaum austrocknet. Ein feuchtes Tuch könnte dann sogar den Teig wieder klebrig machen.

- Bei Blätterteig nur trocken abdecken, da sich sonst durch die Feuchtigkeit negative Auswirkungen auf die Tourierung ergeben.

6. Unterschiede der Mehle von Dr. Schär in Backeigenschaften und Verwendung

Es gibt fünf Mehle von Dr. Schär die man nutzen kann. Da aber oft bzw. öfter die Frage kommt: »Ich habe das Mehl X nicht mehr, kann ich Mehl Y dafür nehmen?«, hier eine Erklärung, warum ich so differenziere und warum die Mehle nicht so einfach ausgetauscht werden können.

Mix Brot

Dieser Mix ist für mich der eigentliche Universal-Mix und besitzt ein tolles Gashaltevermögen. Das bedeutet, der Teig daraus kann selbstständig die Gase und Luft halten, die bei der Teigruhe und Gare entstehen.

Man kann alles an Teigen damit machen, d. h. Brot, Brötchen, Hefeteig, Pizza, Frittiertes usw. Es erzeugt die typische und wichtige Konsistenz, die man für ein Brot oder einen Hefeteig braucht und in Verbindung mit Öl eine tolle Dehnfähigkeit bei der Gare und beim Backen.

Mix Kuchen & Kekse

Dieser Mix ist super für Sandmassen, Biskuitmassen und Kekse. Er besitzt aber nur ein minimales Gashaltevermögen, deswegen braucht es Butter, Eier oder ähnliches, um ein Volumen zu erzeugen.

Durch die typischen Inhaltsstoffe gibt es dem Gebäck eine typisch softe und fluffige Konsistenz, ohne dass das Gebäck (bei richtiger Dosierung) trocken wird.

Mehl Farine

Dieses Mehl hat eine noch differenziertere Zusammensetzung. Dies macht das Mehl ideal für alles, was mit Kochen zu tun hat (in meinen Augen).

Man kann auch ein Brot daraus machen (siehe auf meiner Webseite das Rezept »Maisbrot«), aber das ist dann ohne Backform nicht zu händeln.

Das Mehl gibt keine solche Stabilität wie Mix B, sondern es quillt nach und ergibt eine Festigkeit, aber ohne Dehnfähigkeit zu haben. Dies kommt auch durch das Öl, welches man z. B. dem Brot zugibt.

Es harmoniert optimal mit Kartoffelteigen jeder Art, aber auch für Soßen, zum Binden und vieles andere beim Kochen ist es sehr gut geeignet. Auch für Pfannkuchen, Pancakes und Co. ist es super.

Mix It dunkel/rustico

Dieses Mehl ist die dunkle Variante der Brot-Mehle. Es hat ähnliche Eigenschaften wie das Mix B, benötigt aber aufgrund des Leinsaat-Anteils mehr Wasser und ist dadurch anfangs etwas klebriger.

Es lässt sich gut zu Brot, Brötchen und anderen dunklen Teigen verarbeiten, vielleicht auch zu Pizza oder zu Pizza-Fladen.

Mix It Universal

Seit der Anpassung der Rezeptur ist das Mix It nicht mehr maisfrei, aber es ergibt stabilere Teige, die nicht mehr zwingend in einer Form gebacken werden müssen. Außerdem benötigt man keine zusätzlichen Bindemittel mehr für andere Rezepturen.

Nach einigen Tests, die ich machen durfte, kann ich festhalten, dass es sehr vielseitig einsetzbar ist. Teige, Massen und Kochen gehen sehr gut damit. Aber ein Austausch 1:1 ist nicht bei jedem Rezept möglich.

Ich hoffe, es hilft Euch zu verstehen, warum ich welches Mehl genommen habe und warum man sie nicht gegen andere austauschen sollte. Denn alle Rezepte sind auf das jeweilig verwendete Mehl abgestimmt.

7. Wertvolle Fragen

zu Sauerteig, Vorteig, Gare, Volumenentwicklung, Hefewasser und Kerntemperaturwurden mir in meiner Facebook-Gruppe »Olivers glutenfreie Rezepte« gestellt, die ich sehr gerne beantwortet habe

Sauerteig

Wenn ich vom Sauerteig 30 g weggebe, beginne ich wieder alle sechs Tage zu wiederholen? Oder kann man diese Prozedur abkürzen?
Die ersten Stufen bis zum Anstellgut brauchst Du dann nicht mehr, nur die letzten drei Stufen, denn das ist die eigentliche Sauerteigherstellung. Die 30 g, die Du vom Sauerteig wegnimmst werden dann zum Anstellgut.

Kann man Sauerteig auch zu dunklen Brotrezepten oder festeren helleren Teigen geben?
Sauerteig kann man zu jedem Teig zugeben, nur bei süßem Hefeteig würde ich es nicht machen, wegen der Säure.

Was bewirkt Sauerteig im Teig bzw. der Lievito Madre?
Sauerteig liefert Hefen, Geschmack durch die Essigsäure und Stabilität, die durch die Milchsäure mit der Stärke erzeugt wird. Da *Lievito Madre* nichts anderes als eine Weizensauerteigart ist, gilt dort das gleiche. Nur um es klar zu sagen, bei gf ist ein *Lievito Madre* auch nur ein Sauerteig und hat keine speziellen Aromen oder Wirkungen, wie es bei gf nachgesagt wird.

Was passiert im Teig, wenn man zu viel davon rein gibt?
Er wird zu sauer und geschmacklich sehr einseitig sauer und kann auch bitter wirken. Außerdem kann zu viel Sauerteig die Backeigenschaften der anderen Rohstoffe negativ beeinflussen. Gerade bei den Bindemitteln bei gf kann es zu starken Wechselwirkungen kommen. Deswegen nur max. 50 % vom Mehl versäuern.

Gehzeit

Wie verhält sich die Gehzeit, wenn es in der Wohnung so warm ist! Könnte man da von der Hefe etwas weglassen?
26 °C ist nicht zu warm, ab 30 °C würde ich etwas anpassen, aber nicht unter 30 °C gehen.

Hefewasser

Ich habe aktives Hefewasser, inwieweit ist es sinnvoll, Hefewasser anstatt Wasser einzusetzen? Wenn man ersetzt, wie sieht es dann mit der Hefe-Reduktion aus?
Ich arbeite nicht mit Hefewasser, aber ich habe gelesen, man gibt das ganze Wasser mit dem Hefewasser hinzu und lässt die Hefe ganz weg. Da ich es aber nicht als Rezeptur habe, gebe ich keinen Support bei der Anwendung von Hefewasser. Denn mikrobiologisch gesehen finde ich es sehr fragwürdig. Dabei kann man auch andere, unerwünschte Bakterien züchten und hat nur sehr wenig Kontrolle darüber. Wenn man z. B. Datteln oder Rosinen als Starter nimmt, weiß man nie, was außen noch an den getrockneten Früchten dran ist.

Vorteig

Da steht Variante 1-, 2-, egal welches Rezept ... Verstehe ich das richtig ... So könnte ich auch das Toastbrot machen, mit 2 g Hefe?
Da die Hefe, wie im Rezept steht, in den Vorteig gegeben wird und sich dann entweder über Nacht im Kühlschrank oder warm 1 Std. vermehren kann, braucht es nicht mehr Hefe als die, die im Vorteig ist.

Kalt: heißt Wasser aus dem Kühlschrank oder Leitungskalt?
Leitungskalt.

Endhöhe vom Brot

Wie erkenne ich den optimalen Zustand der Garzeit, wenn ich doch eine so unterschiedliche Raumtemperatur bzw. Luftfeuchtigkeit habe? Wie hoch sollte mein Brot oder Weckerl aufgegangen sein, und was bewirkt die Ofentemperatur noch?
Die Höhe vom Gebäck hat nicht nur was mit der Gare zu tun, sondern auch mit dem Kneten, der Teigruhe, der Bearbeitung von Hand, Wassertemperatur usw. Die Ofentemperatur ist einflussgebend auf die Kruste und die Entwicklung der Krume beim Backen. Durch z. B. eine hohe Anfangstemperatur und dem anschließenden Absenken auf eine normale Einstellung laut Rezept, kann man eine starke, dicke und kräftig aromatische Kruste erzeugen usw. Aber je nach Gebäck sollte man immer eine angepasste Temperatur benutzen.

Kerntemperatur

Wieviel Grad sollte das Brot beim Backen erreichen?
Im Normalfall ist ein Gebäck bei 98 °C ausgebacken. Bei Stollen z. B. ist das eine gängige Methode der Kontrolle, ob der Stollen gebacken ist. Bei Brot nicht unbedingt.

Wie warm darf der Teig beim Kneten werden?
Die Teigerwärmung beim Kneten hängt von den Temperaturen der Rohstoffe ab und dem Energieeintrag der Maschine, da jede Maschine da anders ist und jeder Hersteller eine andere Art an Knetgeometrie hat, mal rund mal flach an der Spitze usw., ist da schwer eine Aussage zu treffen. Es gibt eine Formel, um die Schütttemperatur für einen Teig zu berechnen, aber das geht nur, wenn es eine fixe Teigtemperatur gibt, und man braucht dafür die Temperaturerhöhung pro Minute Knetzeit durch die Maschine. Bei meinen Rezepten ist mir nur wichtig, dass sie nicht über 30 °C warm werden. Das reicht, damit sie funktionieren. Da aber die Knetzeit je nach Maschine kurz ist und auch die Teige anfangs sehr weich sind, ist keine große Erwärmung durch das Kneten zu erwarten. Denn wenn man zu lange knetet (im Gegensatz zu gh Teigen), wird die Stabilität des Teiges zerstört.

8. Womit ersetze ich Ei für vegane Gebäcke?

Es gibt verschiedene Ei-Ersatzpulver, die sehr gute Dienste leisten. Aber auch hier können Unverträglichkeiten das ganze natürlich blockieren. Hier sind einige natürliche Alternativen.

Bei Brotteigen oder deftigen Rezepten

Leinsaat-Ei:
für 1 ganzes Ei nimmt man 1 gehäuften EL Leinsaatmehl, mischt es mit 3 EL heißem Wasser und lässt es 20 Min. quellen. Danach kann es verwendet werden.

Avocado-Mus:
1 Ei ersetzt man mit 1 gehäuften EL Avocado-Mus.

Zucchini-Mus:
1 Ei ersetzt man mit 1 gehäuften EL Zucchini-Mus.

Chia-Gel:
1 Ei ersetzt man mit 1 gehäuften EL Chia-Gel. Herstellung: 1/3 Tasse Chia-Samen mit 2 Tassen Wasser in ein Glas füllen. Die Mischung gut umrühren, damit keine Klumpen entstehen und mind. 30 Min. quellen lassen. Das Chia-Gel hält sich im verschlossenen Glas ca. 1 Woche im Kühlschrank.

Für süße Teige wie Hefeteig oder Rührteig
(wo kein Ei aufgeschlagen werden muss!):

Bananenmus:
Mus von ½ großen oder 1 kleinen Banane ersetzt 1 Ei.

Apfelmus:
1 gehäufter EL Apfelmus ersetzt 1 Ei.

Bei aufgeschlagenen Eiern:

Anleitung für die Mengenberechnung:
Wenn man aufgeschlagene Eier benötigt, müssen das zu ersetzende Eiweiß und das Eigelb separat berechnet werden. Hierbei rechnet man für ein Ei 30 g Eiklar und 20 g Eigelb. Das Eigelb ersetzt man mit einer Alternative aus dem oben genannten Punkt (Bananen- oder Apfelmus).

Rechenbeispiel: Für einen Biskuit benötigt man 6 Eier. Also rechnet man für das Eigelb 6 × 20 g Bananen- oder Apfelmus und 6 × 30 g Aqua Faber für das Eiklar.

Aqua Faber:
Das Kichererbsen-Wasser, auch Aqua Faber genannt, kann man zu einem stabilen Eischneeersatz aufschlagen. Das Wasser aus den Dosen ist ideal dafür und kann ohne weitere Behandlung dafür verwendet werden.

Das Aqua Faber wird zunächst mit dem Zucker aufgeschlagen, anschließend wird der Eigelbersatz eingerührt. Die Masse kann nun wie im Rezept angegeben weiterverarbeitet werden. Mit dieser Methode erhält man auch mit veganen Zutaten einen luftigen, lockeren Biskuit.

Ersatz zum Abstreichen von Gebäcken:

100 g warmes Wasser (30 °C), 40 g Zuckerrübensirup, Agavendicksaft, Ahornsirup, Löwenzahnsirup oder Reissirup gut vermischen und zum Abstreichen verwenden. Rest im Kühlschrank eine Woche aufzuheben, wenn das Glas vorher sauber war.

9. Knet-Geometrien und ihre Verwendung

In dieser Warenkunde geht es um die Knet-Geometrien oder auch Kneteinsätze von Küchenmaschinen und wie ich sie empfehle zu verwenden.

Die Bilder sind von 1 bis 5 nummeriert, entsprechend der Erklärungen.

Hinweis
Die Illustrationen dienen nur dem besseren Verständnis. All diese Einsätze gibt es für jede Maschine, wenn auch in leicht anderer Form oder anderem Aussehen.

Knethaken

Diesen setzte ich für jede Art von Teigen ein, das bedeutet: für Brötchen-Brot-Teige, Hefeteig und Mürbeteige.

1

Schneebesen

Diesen setze ich für alles ein, was aufgeschlagen werden muss. Das bedeutet: für alle Arten von Massen (Biskuit, Wiener, Sandkuchen, Marmorkuchen usw.), zum Aufschlagen von Butter oder Eiern und für Eischnee. Also für alles, was weich ist und schaumig werden kann. ABER z. B. nicht für Cookies, also nicht für alles, was nicht zu schaumig werden darf. Bei Sandmassen kann man nach dem Aufschlagen der Butter das Mehl und die Eier auch hiermit unterlaufen lassen.

2

Flachrührer

Diesen nutze ich zum Untermischen bei schweren Massen oder Teigen und zum »Aufschlagen« von Butter bei Cookies, wo die Butter nicht zu schaumig werden darf, aber es doch Zeit braucht, um den Zucker unterzurühren. Auch bei Brandmasse, um die Eier unter die abgerührte Teigmasse zu heben, da sie mit einem Schneebesen schaumig werden kann, was nicht erwünscht ist.

3

Mischer

Diese Geometrie nutze ich zum Mischen von trockenen Stoffen, z. B. für verschiedene Mehle, Gewürzmischungen usw. Da diese Geometrie perfekt bis zum Rand kommt, wird alles vollständig gemischt.

4

Rührer

Diese Geometrie ermöglicht es z. B., bei Geräten mit Induktionsplatte Suppen zu machen, aber man kann damit auch Mehle unter die aufgeschlagene Masse rühren.

Ich benutze ihn nie, da das Unterheben von Mehl bei Biskuit und Wiener Masse besser von Hand geht, und man mehr Gefühl dabei hat.

5

10. Unterschied von Natron und Natronlauge und deren Verwendung

Informationen zu Natron im Vergleich zu Backpulver (beides Backtriebmittel)

Natron ist ein natürliches Salz (Natriumhydrogencarbonat) und wird auch unter den Namen Backsoda, Speisenatron oder Speisesoda im Handel angeboten. Natron funktioniert als Treibmittel nur in Kombination mit sauren Bestandteilen, wie z. B. Joghurt, Essig oder Zitronensäure. Zusammen mit Hitze bildet sich CO_2, welches für einen lockeren Teig sorgt.

Backpulver besteht aus Natron und einer Säure, wie zum Beispiel Zitronen- oder Weinsteinsäure. Zusätzlich enthält das Pulver noch ein natürliches Trennmittel. Das kann Mais-, Reis- oder Weizenstärke sein. Bei Hitze reagiert das Natron im Backpulver mit der Säure. Die dadurch entstehenden Luftblasen sorgen dafür, dass der Teig locker wird.

Natron und Backpulver können Sie zum Backen daher nicht einfach im Verhältnis 1:1 austauschen. Natron lässt sich problemlos durch Backpulver ersetzen. Umgekehrt geht dies nicht – es sei denn, der Teig enthält bereits säuerliche Bestandteile.

Möchten Sie das Backpulver durch Natron und Säure austauschen, achten Sie darauf, dass Sie nur Pulver in Lebensmittelqualität verwenden. Diese Artikel tragen die Bezeichnung E500ii. Fehlt dieses Kürzel, ist das Natron nicht zum Verzehr geeignet.
Als Reinigungsmittel im Haushalt können Sie Backpulver und Natron gleichwertig verwenden.

Infos zu Natronlauge für Laugengebäcke

Natronlauge ist in Wasser gelöstes Natriumhydroxid (NaOH). Sie wirkt selbst in verdünnter Form noch ätzend auf Organe wie Haut und Augen, deswegen sollte man sie immer mit Einweghandschuhen benutzen und in einem Glasgefäß anrühren und aufbewahren. In der Bäckerei wird sie zur Herstellung von Laugengebäck verwendet.

Die optimale Konzentration zum Laugen von Teiglingen beträgt 4–5 % (z. B. 20 g festes NaOH auf 500 g Wasser). Im Hobbybäckerhandel ist festes NaOH meist als Laugenperlen oder Brezellauge in Form von Kügelchen oder Plätzchen angeboten. Man bekommt es in fester Form auch in Apotheken oder z. B. als 50%ige Lösung im Internethandel.

Die Reaktion von festem NaOH mit Wasser verläuft unter starker Wärmeentwicklung. Deshalb muss stets erst das Wasser und dann das NaOH zugefügt werden, niemals umgekehrt. Außerdem sind beim Arbeiten mit Natronlauge immer eine Schutzbrille und chemikalienfeste Handschuhe zu tragen, wie z.B. Einweghandschuhe. Bitte Spritzer direkt mit ausreichend Wasser entfernen, da sonst z.B. mit der Zeit Löcher im Stoff entstehen können.

Die Teiglinge werden entweder mit Natronlauge abgestrichen (bei sehr großen Gebäcken) oder in diese getaucht und dann für ein paar Sekunden abtropfen gelassen. Die Einwirkzeit sollte bei der genannten Konzentration 4–5 Sekunden nicht überschreiten. Für einen optimalen Glanz des Gebäckes sollte die Temperatur der Lauge nicht zu kalt sein, Raumtemperatur ist zu empfehlen, bitte nicht erwärmen. Außerdem müssen die Teiglinge vor dem Laugen abgesteift (oberflächlich angetrocknet) sein, damit die Lauge nicht in die Krume eindringen kann. (Siehe Anleitung im Rezept »Laugengebäck«.)

Die ätzende Lauge wird beim Backprozess umgewandelt und hat beim Verzehr des Laugengebäcks keine schädigende Wirkung mehr. Die Natronlauge beschleunigt beim Backen die Maillard-Reaktion und führt zu einer zarten, röschen und kastanienbraun gefärbten Kruste mit einem ganz speziellen Geschmack.

Häufig wird in Hobbybäckerliteratur mit Natron ($NaHCO_3$) gelaugt. Mit Natron bearbeitete Teiglinge haben jedoch weder das Aussehen noch den Geschmack von echtem Laugengebäck, das mit Natronlauge gelaugt wurde.

11. Eiergrößen und Gewichte

Sorte	Gewicht	Größe
XL/sehr groß	über 73 g	ca. 45,7–49 mm
L/groß	63 g–73 g	ca. 43,5–45,7 mm
M/mittel	53 g–63 g	ca. 41,1–43,5 mm
S/klein	unter 53 g	ca. 41 mm

Wenn Ihr die Eier verschiedener Größen habt oder sie mit Wachteleiern oder sonstigen ersetzen wollt, noch Tipps:

- Wenn nichts dabei steht an Gewicht oder Größenangaben, dann rechne ich immer mit 50 g pro ganzem Ei, 20 g für 1 Eigelb und 30 g für 1 Eiklar/Eiweiß.
- Wenn die Größe L angegeben ist, dann bitte mit 65–70 g rechnen, falls ihr keine L Eier habt.
- Verhältnis Eigelb zu Eiklar ist immer 2:3

12. Richtiges Kneten bei Teigen mit unterschiedlichen Maschinen

Hinweis: Die Angaben gelten NICHT für Massen und Mürbeteig.
Weiter muss man trotzdem sehr aufpassen, da es viele Varianten gibt, gerade bei der Bosch MUM.

Kenwood

- Knethaken einsetzen.
- Kneten wie im Rezept angegeben.
- Mittlere Geschwindigkeit heißt, Einstellung auf Stellrad genau in der Mitte zwischen niedrigster und höchster Einstellung.
- Dabei stehenbleiben und immer wieder den Rand runter kratzen. Sollte nach ca. der Hälfte der Knetzeit nicht mehr notwendig sein.

Bosch MUM

- Knethaken einsetzen.
- Kurz auf niedrigster Stufe mischen.
- Dann auf maximal Stufe 2 so lange kneten, bis der Teig homogen ist und leicht klebt. Das dauert meist so 2–2,5 Minuten.

Kitchen Aid

- Knethaken einsetzen.
- Kurz auf niedrigster Stufe mischen.
- Dann auf maximal Stufe 2 so lange kneten, bis der Teig homogen ist und leicht klebt. Das dauert meist so 2–3 Minuten.

Handmixer

- Knethaken einsetzen.
- Kurz auf Stufe 1 mischen.
- Dann auf maximal Stufe 2 so lange kneten, bis der Teig homogen ist und leicht klebt.

Thermomix®

Teige:

- Hefe, Wasser (Milch), Salz (Zucker), Öl (Butter) in den Thermomix® geben.
- 2 Minuten (bei gefrorener Hefe bitte 3 Minuten einstellen)/37 °C/Stufe 1 einstellen.
- Mehl und ggf. Gewürze hinzufügen.
- Bei 500 g Mehl im Rezept den Teig ca. 2,5–3 Min. / Teigknetstufe kneten lassen. Bei der Hälfte des Mehls entsprechend die Hälfte der Zeit kneten lassen. Dies ist völlig ausreichend, da der Thermomix® viel Power in den Teig bringt. Den Thermomix® hierbei im Blick behalten, er hüpft gerne ein bisschen herum, wenn er schwere Teige bearbeitet.
- Für die Teigruhe gibt es hier 2 Varianten:
    - Man lässt den Teig gleich im Kessel vom Thermomix® gehen und deckt ihn mit einem feuchten Geschirrtuch ab. Das Gehenlassen im Thermomix® ist hier kein Problem, da der Kessel genau die richtige Temperatur hat, durch das vorherige Auflösen der Hefe bei 37 °C.
    - Man füllt den Teig in eine leicht geölte Plastikschüssel um und deckt ihn mit einem feuchten Tuch ab, wenn es einen Deckel zur Schüssel gibt, lege ich ihn lose auf das Tuch. Diese Methode hat den Vorteil, dass man den Teig in einem Rutsch aus der Schüssel bekommt, ohne das gewonnene Volumen einzubüßen (ich bevorzuge diese Methode).
- Den Teig auf die hauchdünn bemehlten Arbeitsfläche schubsen, und dann wie im Rezept angegeben weiter verfahren.

Bei meinem Pizzateig noch folgender Tipp: der Teig ist ziemlich weich, hier empfiehlt es sich, den Teig hauchdünn zu bemehlen und direkt auf dem Back- oder Pizzablech auszurollen. Hierfür gibt es im Handel geeignete kleine Teigroller.

Toastbrot :

- Alle Zutaten, bis auf das Mehl und die Hefe, in den Thermomix geben und die Zutaten 2 Min. / 37 °C / Stufe 1 erwärmen.
- Dann das Mehl einwiegen und die Hefe auf das Mehl geben.
- Den Teig 1,5 Minuten auf der Teigknetstufe kneten lassen.
- Anschließend wie im Rezept beschrieben weiter verfahren.
- Teig so lange in der Form mit geschlossenem Deckel gehen lassen, bis die Form ¾ gefüllt ist (ich schreibe hier bewusst keine Zeit rein, da im Rezept 40 Minuten steht, es bei mir aber schon nach 25 Minuten so weit war).
- Das Toastbrot nun wie im Rezept beschrieben backen.

Nudelteig:

- Die Zutaten in den Thermomix® geben.
- Mit Sichtkontakt auf Stufe drei rühren lassen, ABER: nur so lange, bis der Teig krümelig ist! Das sind nur wenige Sekunden.
- Dann den Teig aus dem Thermomix® nehmen und von Hand kurz durchkneten.
- Anschließend entsprechend weiterverarbeiten.

Quarkbällchen (Version Mix it Universal):

- Die Zutaten in dem Thermomix® geben.
- Ca. 35–40 Sek. / Stufe 3,5 rühren lassen.
- Teig in einen Spritzbeutel ohne Tüllaufsatz geben und über dem heißen Fett mit einer sauberen Küchenschere 3-4cm Länge Stücke runterschneiden. Durch das Ausbacken im Fett werden sie schön rund.
- Von beiden Seiten goldbraun ausbacken und noch heiß in Zimtzucker wälzen

Mürbteig:

- Alle Zutaten in den Thermomix® geben und bei Sichtkontakt nur so lange auf Stufe 3 kneten, bis der Teig gerade noch leicht krümelig ist.
- Dann den Teig aus dem Thermomix® nehmen und auf der leicht bemehlten Arbeitsplatte zu einem glatten Teig verkneten.
- Bitte nur so lange wie nötig kneten, sonst wird der Teig brandig und funktioniert nicht mehr.
- Nun den Mürbteig wie gewünscht weiterverarbeiten.

Rührteig:

- Butter, Zucker, Salz, Vanillezucker, Aromen in den Thermomix® geben und bei 2 Min. / Stufe 3 rühren lassen, bis eine weiche, helle Masse entsteht.
- Eier und Mehl auf Stufe 3 abwechselnd einlaufen lassen, die Zeit mitlaufen lassen.
- Nach 1 Minute den Thermomix® anhalten und den Rand zusammenkratzen.
- Weitere 30 Sek. / Stufe 3 rühren lassen, dann in die Form geben und nach Rezept backen.
- Beim Rührteig bitte trotz der Tipps immer ein bisschen nach den Angaben im Rezept orientieren, weil jedes Rezept ein wenig anders ist. Wichtig ist hierbei aber, dass man den Teig nicht zu lange rühren lässt, da sonst der Kuchen nicht schön aufgeht.

13. Lange Teigführung über den Kühlschrank

Das gilt ausschließlich für Teige mit Hefe:

- Kalte Flüssigkeit verwenden, dadurch wird von Beginn an die Hefe verlangsamt.
- Halbe Menge Hefe verwenden, da sie sich im Kühlschrank langsam weiter vermehrt.
- Nach dem Kneten direkt gut und luftdicht verpacken und kaltstellen, dadurch trocknet der Teig im Kühlschrank nicht aus.
- Am nächsten Morgen aus dem Kühlschrank nehmen und 45 Min. in der Küche auf Raumtemperatur kommen lassen.
- Dann den Teig mit möglichst wenig Mehl zusammenkneten. Anschließend die Gebäcke formen. Sollte der Teig eher brechen als sich formen lassen, dann ist er noch zu kalt.
- Die Gebäcke dann mindestens 45 Min. garen (gehen) lassen.
- Backen wie im Rezept beschrieben.

14. Anleitung für Quellstück oder Brühstück

Diese Anleitung dient dazu, dass ihr entweder ein Quell- oder ein Brühstück machen könnt, damit ihr den Broten Körner zugeben könnt, welche den Ballaststoffgehalt stark erhöhen.

Quellstück:

Quellstück bedeutet, die Körner für 30 Min.in heißem Wasser quellen lassen.

Pro einfachem Brotrezept aus dem Buch oder von meiner Webseite (außer Toastbrot) gilt folgendes Rezept: Max. 80 g Körner (Quinoa, Leinsaat, Sonnenblumenkerne, Kürbiskerne, Sesam oder ähnliches). Max. 80 g heißes oder kochendes Wasser aus dem Wasserkocher.

Anleitung:
Körner mit heißem/kochendem Wasser übergießen und vermischen, dann 30 Min. quellen lassen. Diese dann zähe bis feste Mischung (je nach Körnern) dem Teig eine Minute vor Ende der Knetzeit zugeben.

Brühstück:

Brühstück bedeutet, dass die Körner in kochendes Wasser gegeben werden und einmal aufkochen müssen. Dann bleiben sie über Nacht sehr gut verpackt stehen, um zu quellen. Bei dieser Variante sind die Körner besser bekömmlich.

Pro einfaches Brotrezept aus dem Buch oder von meiner Webseite (außer Toastbrot) gilt folgendes Rezept: Max. 80 g Körner (Quinoa, Leinsaat, Sonnenblumenkerne, Kürbiskerne, Sesam oder ähnliches). Max. 100 g Wasser. Das gesamte Salz aus dem jeweiligen Brot-Rezept dann zu den Körnern geben und nicht mehr in den Teig, dass verhindert einen Verderb und das Keimen der Körner über Nacht.

Anleitung:
Für das Brühstück Wasser und Salz zum Kochen bringen. Die Körner zugeben und einmal aufkochen lassen. Dann das Brühstück luftdicht abdecken und über Nacht in der Küche quellen lassen. Diese dann feste Mischung (je nach Körnern) dem Teig eine Minute vor Ende der Knetzeit zugeben.

Tipp:
Die Körner können auch grob geschrotet werden, dann müssen aber jeweils 10 g Wasser mehr zugegeben werden, da diese so mehr Wasser ziehen. Diese Variante erhöht die Oberfläche der Körner und sorgt für eine noch bessere Verdauung.

Brot und Brötchen

Kartoffelbrötchen, -brot oder -baguette

500 g Dr. Schär Mix Brot
10 g Salz
350 g Wasser (30 °C)
50 g Öl
5 g Essig
15 g Trockenhefe oder 30 g Frischhefe
250 g Kartoffeln, gekocht und geschält vom Vortag
100 g Milch (30 °C)

Herstellungszeit: ca. 2,5 Std.
Backzeiten je nach Ofen:
Brot: 50–55 Min.
Brötchen: 25–30 Min.
Baguette 30–35 Min.

Kartoffeln mit der warmen Milch pürieren.

Zuerst Salz, Öl, Essig und Wasser in die Rührschüssel geben, dann Mehl einwiegen, schließlich Kartoffelpüree und die Hefe auf das Mehl wiegen. Frischhefe muss einfach nur zerbröselt werden.

Zunächst 30 Sek. bei langsamer Geschwindigkeit vermischen lassen, dann 5 Min. bei mittlerer Geschwindigkeit kneten. Es ist am Anfang sehr wichtig, den Rand der Schüssel mit einem Teigschaber sauber zu kratzen, damit auch alle Zutaten in den Teig kommen.

Nach dem Knetvorgang die Schüssel mit einem feuchten Tuch abdecken und 45 Min. an einem warmen Ort (ca. 24–28 °C) ruhen lassen. Der Teig ist nach dem Kneten sehr weich, zieht aber während der Ruhephase noch nach und wird fester.

Nach der Teigruhe den Teig auf eine leicht bemehlte Arbeitsfläche geben und zu einer Kugel formen.

Für Brötchen nun 80 g Teigstücke abwiegen und jeweils zu einer Kugel formen.

Für Baguette den Teig dritteln und ebenfalls Kugeln formen.

Die Brötchen länglich rollen, dann entweder so lassen, in Mehl tunken oder dünn mit Wasser abstreichen und z.B. in Mohn oder Sesam tunken.

Auf ein Backblech mit Papier setzen und 30 Min. garen lassen.

Baguette ebenfalls nach Wunsch formen, auf ein Backblech mit Backpapier setzen und ebenfalls 30 Min. garen lassen.

Den Ofen passend auf 210 °C Umluft oder 220 °C Ober-/Unterhitze vorheizen und eine leere feuerfeste (Metall-)Schüssel auf den Ofenboden stellen.

Nach der Gare die Gebäcke ohne Mehl oder Körner sehr dünn mit Wasser abstreichen und nach Wunsch einschneiden. Das Messer dabei schräg halten (ca. 45°) und nicht tiefer als 5 mm schneiden.

Beim Einschieben der Gebäcke in den Ofen ein Glas Wasser in die aufgeheizte Form schütten und den Ofen sofort schließen.

Die Backzeit von Brötchen und Baguette ist ca. 25 Min., je nach gewünschter Farbe und Größe des Gebäckes.

Dieser Teig gewinnt allerdings nicht so viel Volumen wie der Teig der hellen Brötchen!

Wenn Brötchen eingefroren werden sollen, bitte 5 Min. kürzer backen und heiß in einem Plastikbeutel einfrieren. So verlieren sie nur wenig Feuchtigkeit und sind nach dem Aufbacken wie frisch aus dem Ofen. Die Brötchen gefroren bei 210 °C Umluft (220 °C O/U) mit Wasserdampf aufbacken. So lange backen, bis sie die gewünschte Farbe haben.

Tipps:

Wenn Körner oder Saaten in den Teig gegeben werden sollen, dann bitte nicht mehr als 60–70 g Körnermischung nehmen. Die Körner mit der gleichen Menge kochenden Wassers mischen und 30 Min. bei Zimmertemperatur quellen lassen.

Den Teig herstellen und 1 Min. vor Ende der Knetzeit die gequollene Körnermischung mit dem ganzen restlichen Wasser in den Teig geben. Drauf achten, dass die Körner gleichmäßig verteilt sind.

Wenn man die Körner ohne Einweichen in den Teig gibt, ziehen sie beim Backen Wasser und der Teig geht nicht auf.

Die Körnermischung kann auch am Abend vorher vorbereitet werden und abgedeckt im Kühlschrank stehen. Es ist nur wichtig, dass die Mischung Raumtemperatur hat, bevor sie in den Teig gegeben wird.

Nachgebacken von Yana Glomb

Nachgebacken von Stefanie Bartsch

Nachgebacken von Moni Münster

Kräuter-(Knoblauch-)Teig

Teig:
500 g Dr. Schär Mix Brot
8 g Salz
450 g Wasser (30 °C)
40 g Kräuter- / Kräuter-Knoblauch-Öl
10 g Trockenhefe oder 21 g Frischhefe

Kräuter-Knoblauch-Öl:
5 g Kräuter der Provence
2,5 g Majoran
1,5 g Muskat
20 g Knoblauch, frisch
50 g Olivenöl

Kräuter-Öl:
5 g Kräuter der Provence
2,5 g Majoran
1,5 g Muskat
50 g Olivenöl

Herstellungszeit: ca. 2,5 Std.
Backzeiten je nach Ofen:
Brot: 50–55 Min.
Brötchen: 20–25 Min.
Baguette 25–30 Min.
Brotchips: ca. 10–20 Min. (je nach Dicke)
Grissini: 30 Min.

Hinweis:
Dieser Teig eignet sich für Baguettes, Brötchen, Brotchips, Grissini usw. Entweder wird er mit dem Kräuter-Öl oder dem Kräuter-Knoblauch-Öl gewürzt.

Herstellung des Öls:
Die Zutaten zusammen in ein hohes Gefäß geben und mit einem Stabmixer pürieren.

Herstellung Teig:
Salz, 40 g des angemischten Öls und Wasser zuerst in die Rührschüssel geben, danach Mehl einwiegen und zuletzt die Hefe auf das Mehl wiegen. Frischhefe dafür einfach zerbröseln.

Zunächst 30 Sek. bei langsamer Geschwindigkeit vermischen lassen und dann 5 Min. bei mittlerer Geschwindigkeit kneten. Es ist am Anfang sehr wichtig, den Rand der Schüssel mit Hilfe eines Teigschabers sauber zu kratzen, damit alle Zutaten in den Teig kommen.

Nach dem Knetvorgang die Schüssel mit einem feuchten Tuch abdecken und 45 Min. an einem warmen Ort (ca. 24–28 °C) ruhen lassen.

Der Teig ist nach dem Kneten sehr weich, zieht aber während dieser Ruhephase noch nach, wird fester.

Als nächstes das restliche Öl mit etwas Olivenöl strecken.

Nach der Teigruhe den Teig auf eine leicht bemehlte Arbeitsfläche geben und zu einer Kugel formen. Nun für Brötchen 80 g Teigstücke abwiegen und ebenfalls zu Kugeln formen. Für Baguette den Teig dritteln und Kugeln formen.

Für Brötchen die Kugeln länglich rollen, auf ein Backblech mit Backpapier setzen, mit dem restlichen Kräuter- oder Kräuter-Knoblauch-Öl dünn einpinseln und 30 Min. garen lassen.

Sollen Baguette gebacken werden, sie ebenfalls nach Wunsch formen und mit dem Würzöl dünn abstreichen. Anschließend 30 Min. Gare.

Den Ofen auf 210 °C Umluft oder 220 °C Ober-/Unterhitze vorheizen und dabei eine leere feuerfeste, kleine (Metall-)Schüssel auf den Ofenboden stellen.

Bevor die Gebäcke in den Ofen kommen, die Brötchen oder Baguette nach Wunsch einschneiden. Das Messer dabei schräg halten (ca. 45°) und nicht tiefer als 5 mm schneiden.

Nach der Gare die Gebäcke in den Ofen schieben, dabei ein kleines Glas Wasser in die aufgeheizte Form auf dem Boden schütten und den Ofen sofort schließen.

Die Backzeit für Brötchen und Baguette ist jeweils ca. 25 Min., je nach gewünschter Farbe und Größe des Gebäckes.

Alternativ kann auch ein Brot gebacken werden, die Backzeit beträgt dafür ca. 55 Min.

Wenn Brötchen eingefroren werden sollen, dann bitte 5 Min. kürzer backen und noch heiß in einem Plastikbeutel einfrieren. So verlieren sie nur wenig Feuchtigkeit und sind nach dem Aufbacken wie frisch aus dem Ofen. Die Brötchen gefroren bei 210 °C Umluft (220 °C O/U) mit Wasserdampf aufbacken. So lange backen, bis sie die gewünschte Farbe haben.

Knoblauchbaguette nachgebacken von Katharina Unmüßig-Bing

Kräuterbaguette nachgebacken von Natalie Gredig

Tipp:
Für Croûtons in Suppen oder Salaten, das Brot oder Baguette in Würfel schneiden und im Ofen wie die Brotchips (siehe nächste Seite) trocknen.

Brotchips:

Einen beliebig gewürzten Teig herstellen und nach der Ruhe Stangen rollen, die einen etwas geringeren Durchmesser als die gewünschten Chips haben, denn der Teig geht im Ofen ja noch auf.

Die Stangen mit dem Spezialöl abstreichen.

Eine Gare von 30 Min. einhalten, dann bei vorgeheizten 200 °C Umluft oder 210 °C Ober-/Unterhitze für ca. 15–20 Min. mit Wasserdampf backen. Die Oberfläche sollte hellbraun sein.

Nach dem Auskühlen die Stangen in dünne Scheiben schneiden, nebeneinander auf ein Backblech legen und bei 175 °C Umluft oder 185 °C Ober-/Unterhitze so lange trocknen, bis die Chips auf beiden Seiten braun werden. Auskühlen lassen und dann genießen.

Knabberstangen/Grissini:

Die halbe Menge des Teigrezeptes zubereiten und nach der Ruhe in sehr dünne, lange Stangen rollen. Diese mit dem Spezialöl abstreichen und 30 Min. garen lassen. Ohne Wasserdampf für 15–18 Min. bei 180 °C Umluft oder 190 °C Ober-/Unterhitze backen und auskühlen lassen.

Grissinis nachgebacken von Natalie Gredig

Saftiges Maisbrot

500 g Wasser (ca. 30 °C)
70 g Öl
8 g Salz
15 g Zucker
500 g Dr. Schär Farine
1 Tüte Trockenhefe oder 21 g Frischhefe

Herstellungszeit: ca. 40 Min.
Backzeiten je nach Ofen:
Brot: 50–55 Min., je nach gewünschter Kruste

Die Zutaten in der angegebenen Reihenfolge in die Rührschüssel geben und 30 Sek. langsam vermischen, dann bei höchster Geschwindigkeit 5 Min. kneten lassen.

Den Teig ohne Ruhe direkt in die Form geben und mit einem feuchten Teigschaber glatt streichen. 30 Min. garen lassen.

Passend den Ofen auf 200 °C Umluft oder 210 °C Ober-/Unterhitze vorheizen. Eine feuerfeste (Metall-)Form auf dem Ofenboden mit erhitzen.

Nach der Gare das Brot in den Ofen geben. Dabei direkt ca. 100–200 g Wasser in die aufgeheizte Form geben. Den Ofen sofort schließen und das Brot 50 Min. backen.

Vinschgauer Fladen

550 g lauwarmes Wasser (ca. 30 °C)
350 g Dr. Schär Mix Brot
100 g gf Leinsaatmehl
50 g gf Buchweizenmehl
5 g Essig
30 g Öl (Raps- oder Sonnenblumenöl)
8 g Salz
5–10 g Kümmel, ganz
5–8 g Brotgewürz
Etwas Kümmel, gemahlen
10 g Trockenhefe oder 21 g Frischhefe

Herstellungszeit: ca. 2 Std.
Backzeiten je nach Ofen:
Brötchen: 25–30 Min.

Zunächst das Wasser, Essig, Öl und Salz in die Rührschüssel geben, dann die trockenen Zutaten und zuletzt die Hefe dazugeben. Frischhefe dafür einfach auf den Teig bröseln.

Erst ca. 20 Sek. bei niedrigster Geschwindigkeit mischen, dann bei mittlerer Stufe 5 Min. kneten lassen.

Bitte darauf achten, dass der Rand der Schüssel am Anfang mit einem Teigschaber zusammengekratzt wird, damit wirklich alles in den Teig kommt und keine trockenen Zutatenreste haften bleiben.

Nach dem Knetvorgang die Schüssel mit einem feuchten Tuch abdecken und 45 Min. an einem warmen Ort (ca. 24–28 °C) ruhen lassen.

Der Teig ist nach dem Kneten sehr weich, zieht aber während der Ruhephase noch nach.

Wenn die Vinschgauer mit etwas kompakterer Krume und feinerer Porung gewünscht werden, einfach die Ruhephase um die Hälfte kürzen.

Währenddessen den Ofen auf 210 °C Umluft oder 220 °C Ober-/Unterhitze aufheizen und auf dem Boden des Ofens ein leeres, feuerfestes (Metall-)Gefäß mit erhitzen.

Ein Backblech mit Backpapier auslegen. Die Arbeitsplatte mit Mix B bestäuben.

Den Teig nach der Ruhe zu einer Kugel formen. Danach 80–100 g schwere Teigstücke abwiegen und auf die bemehlte Arbeitsfläche legen. Die Rohlinge mit den Händen leicht rundformen, sodass die bemehlte Seite außen ist. Das bedeutet, dass der Rand des Rohlings mit und mit nach unten eingeschlagen wird. Dann auf das Backblech legen und ein wenig flach drücken.

Ca. 25–30 Min. garen lassen.

Nach der Gare die Vinschgauer mittig in den Ofen geben und gleichzeitig ca. 100 g Wasser in die aufgeheizte Form am Boden schütten.

Den Ofen sofort schließen und die Vinschgauer, je nach gewünschter Farbe, 25–30 Min. backen. Nach dem Backen die Fladen auf einem Kuchengitter auskühlen lassen.

Nachgebacken von
Nadine Pröll

Nachgebacken von
Franziska Kuen

Italienische Brötchen

500 g Dr. Schär Mix It Universal
420 g Wasser (30 °C)
50 g Olivenöl
6 g Salz
1 Päckchen Trockenhefe oder 21 g Frischhefe

Herstellungszeit: ca. 2 Std.
Backzeiten je nach Ofen:
Brötchen: 16–25 Min.
Baguette 30–35 Min.

Zuerst Wasser, Salz und Öl in die Rührschüssel geben, dann das Mehl einwiegen und zum Schluss die Hefe auf das Mehl geben. Die Frischhefe dafür einfach zerbröseln.

Die Zutaten zunächst 30 Sek. auf niedrigster Stufe mit dem Knethaken vermischen lassen. Dann 4–5 Min. auf mittlerer Stufe kneten lassen. Dies gilt für die Kennwood Chef, bei anderer Küchenmaschine bitte in die Warenkunde schauen. Es ist am Anfang sehr wichtig, den Rand der Schüssel mit einem Teigschaber sauber zu kratzen, damit wirklich alle Zutaten in den Teig kommen.

Nach dem Knetvorgang die Schüssel mit einem feuchten Tuch abdecken und 40 Min. Teigruhe geben.

Nach der Teigruhe den Teig auf eine bemehlte Arbeitsfläche geben und etwas zusammenkneten.

Dann 90 g Stücke abwiegen und mit etwas Mehl zur Kugel formen und lang rollen, ggf. nach Wunsch in Mehl tunken oder dünn mit Wasser abstreichen und z. B. in Mohn oder Sesam drücken. Die Rohlinge auf ein Backblech mit Backpapier geben und mit einem Tuch abgedeckt 30–40 Min. garen lassen. Den Ofen auf 200 °C Umluft (210 °C Ober-/Unterhitze) vorheizen und ein leeres, feuerfestes (Metall-)Gefäß auf den Ofenboden stellen.

Nach Ende der Gare unbemehlte oder unbestreute Brötchen sehr dünn mit Wasser abstreichen und nach Wunsch einschneiden. Das Messer dabei schräg im 45°-Winkel halten und nicht tiefer als 5 mm einschneiden. Die Rohlinge in den Ofen geben, 100 g Wasser in die aufgeheizte leere Backform schütten (Wasserdampf) und die Ofentür direkt schließen.

16–25 Min. backen, je nach gewünschter Krustenfarbe und -dicke.

Nachgebacken von
Diana Armstrong

Nachgebacken von
Stefanie Bartsch

Nachgebacken von
Felicitas Spatzeck

Helles Quark-Brot, -Brötchen oder -Baguette

500 g Dr. Schär Mix Brot
300 g Wasser (28 °C)
250 g Quark (Zimmertemperatur)
40 g Öl (Sorte nach Wunsch)
10 g Salz
5 g Trockenhefe oder 10 g Frischhefe

Herstellungszeit: ca. 2 Std.
Backzeiten je nach Ofen:
Brot: 50–60 Min.
Brötchen: 20–25 Min.
Baguette 25–30 Min.

Tipp

Auf Wunsch können auch Körner im Teig verarbeitet werden. Dazu bitte das Vorgehen in meinen anderen Rezepten und in der Warenkunde beachten.

Hinweis:

Man kann auch Joghurt, Schmand oder Sauerrahm nehmen. Dann aber bitte die Wassermenge um 40 g reduzieren. Es kann auch Buttermilch oder ähnliches genommen werden, dann bitte die Wassermenge um 60 g reduzieren.

Zunächst Salz, Quark (oder Alternative), Öl und Wasser in die Rührschüssel geben, dann das Mehl einwiegen und zuletzt die Hefe hineingeben. Frischhefe einfach zerbröseln, sie muss nicht aufgelöst werden.

30 sek. bei langsamer Geschwindigkeit vermischen und dann so kurz wie möglich bei mittlerer Geschwindigkeit kneten. Es ist am Anfang sehr wichtig, den Rand der Schüssel sauber zu kratzen, damit alle Zutaten in den Teig kommen. Der Teig sollte homogen und glatt sein.

Nun den Teig in der Schüssel abdecken und 45 Min. bei Zimmertemperatur ruhen lassen (Teigruhe).

Nach der Teigruhe den Teig auf eine leicht bemehlte Arbeitsfläche geben und kräftig zu einer Kugel zusammenkneten und anschließend zu einem Brot formen oder Teiglinge von 80–100 g abwiegen und zu Brötchen formen. Beim Brot, wenn eine rustikale Optik gewünscht ist, nach dem Formen die Oberseite in etwas Mehl rollen. Gleiches gilt für die Brötchen. Das Brot oder die Brötchen auf ein Backblech mit Backpapier setzen, mit einem Tuch abdecken und 30 Min. bei Zimmertemperatur garen lassen (gehen lassen).

Den Ofen auf 190 °C Umluft oder 200 °C Ober-/Unterhitze vorheizen und ein leeres feuerfestes (Metall-)Gefäß den Ofenboden stellen.

Nach der Gare die Brötchen 3–4-mal einschneiden oder das Brot rautenförmig einschneiden und in den Ofen geben und direkt 200 g Wasser in die aufgeheizte Form am Boden schütten und sofort den Ofen schließen.

Mindestens 50–60 Min. bis zur gewünschten Krustenfarbe backen.

Bei Brötchen beträgt die Backzeit 20–25 Min., bei Baguette 25–30 Min. je nach gewünschter Krustenfarbe.

Danach auf einem Kuchengitter auskühlen lassen.

Rustikales Brot

520 g Wasser (30 °C)
30 g Öl (z. B. Raps- oder Sonnenblumenöl)
8 g Salz
400 g Dr. Schär Mix Brot
50 g gf Leinsaatmehl
50 g gf Buchweizenmehl
10 g Trockenhefe oder 21 g Frischhefe
6 g Brotgewürz, wenn gewünscht

Herstellungszeit: ca. 2 Std.
Backzeiten je nach Ofen:
Brot: 60 Min.
Brötchen: 20–25 Min.
Baguette 25–30 Min.

Hinweis:
Aus diesem Rezept können auch Brötchen oder Baguette gefertigt werden

Zunächst Wasser, Öl und Salz in die Rührschüssel geben, dann die trockenen Zutaten, zuletzt die Hefe, hineingeben. Frischhefe einfach zerbröseln, sie muss nicht aufgelöst werden.

Mit der Maschine ca. 20 Sek. bei niedrigster Geschwindigkeit mischen und dann bei mittlerer Stufe 5 Min. kneten lassen. Darauf achten, dass der Rand der Schüssel am Anfang mit einem Teigschaber zusammengekratzt wird, damit wirklich alle Zutaten in den Teig kommen und keine trockenen Reste haften bleiben.

Nach dem Knetvorgang die Schüssel mit einem feuchten Tuch abdecken und 45 Min. an einem warmen Ort (ca. 24–28 °C) stehen lassen. Der Teig ist nach dem Kneten sehr weich, zieht aber während dieser Ruhephase noch nach, wird also fester. Wenn ein Brot mit etwas kompakterer Krume und feinerer Porung gewünscht ist, einfach die Ruhephase auf die Hälfte verkürzen.

Den Tisch vor dem Aufarbeiten des Teiges etwas mit Mix B bestäuben.

Eine Brotbackform für 1 Kilogramm dünn mit Öl fetten. Bitte keine Butter verwenden, da diese sonst anbrennt.

Nun den Teig zu einer Kugel formen und für ein Kastenbrot lang wirken. Dazu die Teigkugel flach drücken, die linke und rechte Seite etwas einschlagen und vom oberen Rand aus einrollen und zur gewünschten Größe formen.

Wenn gewünscht, die Oberseite in Mix B wälzen, damit das Brot später bemehlt-rustikal aussieht, und anschließend in die vorbereitete Form einlegen. Ein wenig flach drücken und, je nach Raumtemperatur, ca. 25–30 Min. garen lassen.

Den Ofen währenddessen auf 210 °C Umluft oder 220 °C Ober-/Unterhitze vorheizen, dabei ein leeres Metallgefäß auf dem Ofenboden mit aufheizen.

Ist dagegen ein freigeschobenes Brot ohne Backform gewünscht, den Teig, wie oben beschrieben, lang wirken und auch hier in etwas Mix B rollen, damit es schön rustikal aussieht. Anschließend einfach auf ein Backblech mit Backpapier legen und, je nach Raumtemperatur, ca. 25–30 Min. garen lassen.

Vor dem Backen das freigeschobene Brot 3- bis 5-mal an den Seiten nicht zu tief einschneiden.

Nach der Gare das Brot mittig in den Ofen geben und gleichzeitig ca. 100 g Wasser unten in die vorgeheizte Form gießen, damit viel Wasserdampf erzeugt wird.

Den Ofen sofort schließen und das Brot 60 Min. backen.

Unmittelbar nach dem Backen das Brot aus der Form nehmen und auf einem Gitter auskühlen lassen.

Nachgebacken von Marina Faust

Tahina-Krüstchen

Saaten für den Teig:

30 g ungeschälten Sesam mit 30 g kochendem Wasser vermischen und für 15–30 Min. einweichen

Teig:

475 g Wasser (30 °C)
400 g Dr. Schär Mix Brot
150 g Mix It dunkel / rustico
30 g Sesamöl
50 g Tahina (= Tahin, Sesampaste)
8 g Salz
1 Päckchen Trockenhefe oder
21 g Frischhefe
Sesam zum Bestreuen

Herstellungszeit: ca. 2,5 Std.
Backzeiten je nach Ofen:
Brot: 50–60 Min.

Wasser, Sesamöl, Sesampaste und Salz in die Rührschüssel geben, dann die Mehle einwiegen und zum Schluss die Hefe und den gequollenen Sesam mit dem restlichen Quellwasser zufügen.

Den Teig zunächst 30 Sek. ganz langsam, danach 3–4 Min. auf mittlerer Geschwindigkeit, kneten. Je kürzer, desto fluffiger wird der Teig, aber er *muss* homogen sein und eine klebrige Struktur haben.

Dem Teig abgedeckt 45 Min. Teigruhe geben.

Nun den Teig auf eine mit Wasser benetzte Arbeitsfläche geben.

Für *Brötchen* den Teig in der gewünschten Menge abstechen und mit nassen Händen Kugeln formen. Diese wiederum mit nassen Händen flach drücken und so einschlagen, dass die bevorzugte Brötchenform entsteht.

Wichtig ist, dass der Teig außen immer nass ist, da er sonst sehr stark klebt.

Die Rohlinge ggf. in Sesam drücken und auf ein Backblech mit Backpapier legen. Eine Gare von 25 Min. einhalten.

Passend den Ofen auf 210 °C Umluft bzw. 220 °C Ober-/Unterhitze vorheizen und ein leeres (Metall-)Gefäß auf den Ofenboden stellen. Aber bereits bei Erreichen von 150 °C die Brötchen in den Ofen geben und gleichzeitig ca. 100–200 g Wasser in das Gefäß am Boden schütten. Den Ofen sofort schließen und die Brötchen abhängig von der Größe für ca. 25–30 Min. backen.

Für Brot den Teig nach der Teigruhe auf eine mit Wasser benetzte Arbeitsfläche geben. Die Hände nass machen und den Teig lang wirken.

Den Teig in eine 30 cm lange Kastenform geben, die zuvor mit Sesamöl gefettet und mit Sesam ausgestreut wurde.

Die Brotoberseite mit einem feuchten Schaber glattstreichen und mit Sesam bestreuen.

Nach einer Gare von 30 Min. das Brot in den auf 200 °C Umluft bzw. 210 °C Ober-/Unterhitze vorgeheizten Ofen geben, 200 g Wasser in die vorgeheizte Form schütten und für ca. 50–60 Min. backen.

Fladenbrot für Döner

400 g Wasser, lauwarm
50 g Naturjoghurt (ggf. durch Wasser ersetzen)
40 g Olivenöl
6 g Salz
500 g Dr. Schär Mix Brot
10 g Trockenhefe oder 21 g Frischhefe

Herstellungszeit: ca. 2 Std.
Backzeiten je nach Ofen:
Fladen: 25–30 Min.

Zuerst Salz, Öl, Joghurt und Wasser in die Rührschüssel geben, dann das Mehl einwiegen und zuletzt die Hefe auf das Mehl wiegen. Frischhefe dafür einfach zerbröseln.

Nun 30 Sek. bei langsamer Geschwindigkeit vermischen lassen und dann 5 Min. bei mittlerer Geschwindigkeit kneten. Es ist am Anfang sehr wichtig, den Rand der Schüssel mit einem Teigschaber sauber zu kratzen, damit alle Zutaten in den Teig kommen.

Nach dem Kneten die Schüssel mit einem feuchten Tuch abdecken und 45 Min. an einem warmen Ort (ca. 24–28 °C) ruhen lassen. Der Teig ist nach dem Kneten sehr weich, zieht aber während dieser Ruhephase noch nach.

Nach der Teigruhe den Teig auf eine leicht bemehlte Arbeitsfläche geben und zu einer Kugel formen. Für die Dönerfla-

Nachgebacken von Juliane Reimann

Nachgebacken von Alexandru Stoian

den jetzt von der Kugel 150–200g Stücke abwiegen, jedes Stück zu einer Kugel formen und rund auf ca. 1,5 cm Dicke ausrollen.

Den ausgerollten Teig auf das Backblech legen, die Oberfläche dünn mit Olivenöl abstreichen und, wenn gewünscht, mit hellem und schwarzem Sesam bestreuen.

Die Gare beträgt 25–30 Min. Einfach bei Raumtemperatur nicht abgedeckt stehen lassen.

Passend den Ofen auf 210 °C Umluft oder 220 °C Ober-/Unterhitze vorheizen. Dabei eine leere kleine, feuerfeste (Metall-) Form auf den Boden des Ofens stellen.

Nach der Gare das Backblech in den Ofen schieben und ca. 100g Wasser in die feuerfeste Form schütten. Den Ofen sofort schließen, damit der Wasserdampf nicht entweicht.

Nachgebacken von Felicitas Spatzeck

Kürbisbrot, -brötchen oder -baguettes

350 g Hokkaido, fein gerieben
250 g Wasser (28 °C)
30 g Öl (neutral oder Kürbiskernöl)
7 g Salz
2 g Muskat, gemahlen
500 g Dr. Schär Mix Brot
1 Päckchen Trockenhefe oder 21 g Frischhefe

Herstellungszeit: ca. 2 Std.
Backzeiten je nach Ofen:
Brot: 60–70 Min.
Brötchen: 25–30 Min.
Baguette 30–35 Min.

Den Kürbis säubern, entkernen und mit einer feinen Reibe in dünne Streifen hobeln.

Alle Zutaten in der angegebenen Reihenfolge in die Rührschüssel geben und 30 Sek. auf niedrigster Stufe vermischen.

Den Teig anschließend für 5 Min. mit dem Knethaken bei mittlerer Geschwindigkeit zu einem homogenen Teig verkneten. Wie immer gilt, dass die genaue Knetzeit von der verwendeten Küchenmaschine abhängt.

Den Teig anschließend in der Schüssel zusammenkratzen und für 45 Min. feucht abgedeckt ruhen lassen.

Herstellung Brot:

Nach der Ruhe den Teig fest von Hand durchkneten und zu einem Laib formen. Den Laib mit Wasser dünn abstreichen und mit Kürbiskernen bestreuen oder in Kürbiskernen wälzen.

Das Brot auf ein Backblech mit Backpapier legen und mit einem Tuch abgedeckt für 30 Min. garen lassen.

Den Ofen passend auf 210 °C Umluft (220 °C Ober-/Unterhitze) vorheizen, dabei ein leeres (Metall-)Gefäß in den Ofen stellen und mit aufheizen.

Nach der Gare das Brot in den Ofen schieben und 100–200 g Wasser in die aufgeheizte Form am Boden schütten. Die Ofentür sofort schließen.

Die Backzeit beträgt ca. 60–70 Min., je nach gewünschter Kruste und Farbe.

Herstellung Brötchen/Semmeln:

Nach der Teigruhe den Teig auf eine leicht bemehlte Arbeitsfläche geben und zu einer Kugel formen. Für die Brötchen 80–90g Teigstücke abwiegen und jeweils zu einer Kugel formen. Nach Wunsch bemehlen oder dünn mit Wasser abstreichen und in gehackte oder ganze Kürbiskerne tunken.

Die Rohlinge auf ein Blech mit Backpapier setzen und abgedeckt 30 Min. garen lassen.

Den Ofen passend auf 210 °C Umluft oder 220 °C Ober-/Unterhitze vorheizen, dabei ein leeres, feuerfestes (Metall-)Gefäß auf den Ofenboden stellen.

Nach dem Ende der Garzeit die Brötchen nach Wunsch einschneiden. Das Messer dabei schräg im 45°-Winkel halten und nicht tiefer als 5 mm einschneiden.

Die Rohlinge in den Ofen schieben und 100–200 g Wasser in die aufgeheizte Form am Boden schütten. Die Ofentür sofort schließen.

Die Backzeit beträgt ca. 25 Min., je nach gewünschter Farbe und Größe des Gebäckes.

Nachgebacken von Martina Winter

Herstellung Baguettes:

Für Baguettes den Teig dritteln und ebenfalls Kugeln formen.

Die Kugeln für Baguettes länglich rollen, dann nach Wunsch mit Mehl bestreuen oder dünn mit Wasser abstreichen und in gehackte oder ganze Kürbiskerne tunken. Auf ein Blech mit Backpapier legen und abgedeckt eine Gare von 30 Min. geben.

Den Ofen passend auf 210 °C Umluft oder 220 °C Ober-/Unterhitze vorheizen, dabei ein leeres, feuerfestes (Metall-)Gefäß auf den Ofenboden stellen.

Die Rohlinge nach der Gare nach Wunsch einschneiden. Das Messer dabei schräg im 45°-Winkel halten und nicht tiefer als 5 mm einschneiden.

Das Blech in den Ofen schieben und 100–200 g Wasser in die aufgeheizte Form am Boden schütten. Die Ofentür sofort schließen.

Die Backzeit beträgt ca. 30–35 Min., je nach gewünschter Farbe und Größe des Gebäcks.

Tipp:

Ein Hokkaido muss nicht geschält werden.

Grundrezept

Universelle glutenfreie Sauerteig-rezeptur

Anstellgut
120 g Wasser
120 g Reis- oder Buchweizenmehl
1 Prise Zucker

Sauerteig
30 g Anstellgut
70 g Wasser
85 g Reis- oder Buchweizenmehl

Wichtiger Hinweis:
Den Sauerteig in einem genügend großen, absolut sauberen Einmachglas oder Glas mit Schraubverschluss anrühren. Dabei nur mit absolut sauberen Händen, Geräten und Gefäßen arbeiten.

1. Herstellung des Anstellgutes
Das wird zum Sauerteigmachen benötigt!

Tag 1: 20 g Wasser 26 °C mit 20 g Reis- oder Buchweizenmehl und einer Prise Zucker in einem sauberen verschließbaren Gefäß vermischen und offen stehen lassen.

Tag 2: 20 g Wasser 28 °C und 20 g Reis- oder Buchweizenmehl zu der Mischung vom Vortag geben, gut von Hand vermischen und das Gefäß verschlossen stehen lassen.

Tag 3: 20 g Wasser 28 °C und 20 g Reis- oder Buchweizenmehl zu der Mischung vom Vortag geben, gut von Hand vermischen und das Gefäß verschlossen stehen lassen. Ab jetzt sollte die Mischung leicht säuerlich bzw. hefig riechen.

Tag 4: 20 g Wasser 26 °C und 20 g Reis- oder Buchweizenmehl zu der Mischung vom Vortag geben, gut von Hand vermischen und das Gefäß verschlossen stehen lassen.

Tag 5: 20 g Wasser 26 °C und 20 g Reis- oder Buchweizenmehl zu der Mischung vom Vortag geben, gut von Hand vermischen und das Gefäß verschlossen stehen lassen.

Tag 6: 20 g Wasser 26 °C und 20 g Reis- oder Buchweizenmehl zu der Mischung vom Vortag geben, gut von Hand vermischen und das Gefäß verschlossen stehen lassen.

Tag 7: Das Anstellgut kann verwendet werden. Der Geruch sollte intensiver säuerlich und hefig sein.

Die Gesamtmenge des Anstellgutes beträgt am siebten Tag 240 g, da man für den Sauerteig aber nur 30 g benötigt, bitte den Rest entsorgen. Denn es gibt keine Garantie, dass er nach dem Einfrieren noch funktioniert und eine Lagerung kann dafür sorgen, dass das Anstellgut instabil wird. Für den nächsten Sauerteig werden dann immer 30 g des Sauerteiges weggenommen.

2. Herstellung des Sauerteiges

Je nachdem, bei welchem Rezept der Sauerteig eingesetzt wird, bitte das passende Mehl auswählen. Als Beispiel: für helle Teige Reismehl, für rustikale oder dunkle Teige Buchweizenmehl. Wer Buchweizen nicht mag, kann auf Amaranthmehl oder Quinoamehl ausweichen.

Die Herstellung des Sauerteiges findet in 3 Stufen statt, die jeweiligen Anweisungen sind WICHTIG und MÜSSEN unbedingt eingehalten werden.

1. Stufe: 30 g Anstellgut mit 35 g Wasser 26 °C und 35 g Mehl gut vermischen und für 5 Std. verschlossen stehen lassen.

2. Stufe: Zu der Menge an Sauerteig der Stufe 1 noch 25 g Mehl und 15 g Wasser 28 °C zugeben und gut vermischen, dann für 7 Std. verschlossen stehen lassen.

3. Stufe: Zu der Menge an Sauerteig aus Stufe 2 noch 25 g Mehl und 20 g Wasser 29 °C zugeben und gut vermischen, dann für 8 Std. verschlossen stehen lassen.

Das ergib in Summe 180 g Sauerteig. Bitte darauf achten, immer 30 g des Sauerteiges wegzunehmen! Denn damit kann man dann den nächsten Sauerteig ansetzen, ohne wieder den Aufwand mit dem Anstellgut zu haben.

Dies setzt aber auch voraus, dass alle Hände und Gerätschaften bei der Herstellung absolut sauber waren. Sonst können Bakterien herangezogen werden und der Sauerteig wird schlecht.

Die 30 g Sauerteig für die nächste Herstellung mit Mehl nach Wunsch fester machen, sodass ein fester recht trockener Klumpen entsteht. Diesen dann in Frischhaltefolie einpacken und im Kühlschrank lagern. Er hält ein paar Wochen. Bei längerer Lagerung als 3 Wochen den Klumpen bitte einfrieren. Bei der nächsten Nutzung bitte den Anstellgut-Klumpen abwiegen und das Gewicht des Anstellgutes mit ¾ des Gewichtes in Wasser aufmischen vor der Nutzung.

Hinweis:

Diese Art Sauerteig zu machen, nennt man eine 3-Stufen-Führung und ergibt bestes Aroma mit nicht zu starker Säure, auch wenn die Führung etwas länger dauert.

Und noch ein Hinweis:

Solltet ihr andere Rezepte als Ciabatta damit machen wollen, einfach die 150 g Sauerteig der gewünschten Brot-Rezeptur zugeben und 60 g Wasser von der Brotrezeptur abziehen. Die restlichen Zutaten bleiben gleich. Wenn gewünscht, kann die Hefemenge auf 2 g Trockenhefe oder 4 g Frischhefe reduziert werden. Die Gare verlängert sich dann auf 2–3 Std., je nach Brotsorte die gemacht wird.

Angesetzt von
Isabella Bilkovsky

Rüblibrot / Möhrenbrot

600 g Dr. Schär Mix Brot
1 Päckchen Trockenhefe
oder 21 g Frischhefe
380 g Wasser (30 °C)
290 g Möhren, geschält und fein geraspelt
50 g Walnüsse, fein gemahlen
8 g Salz
40 g Eigelb
10 g Honig
5 g Essig

Wer Saaten im Teig haben möchte:
20 g Leinsaat ganz
20 g Sonnenblumenkerne ganz
10 g Chiasamen ganz
60 g heißes kochendes Wasser

Herstellungszeit: ca. 2,5 Std.
Backzeiten je nach Ofen:
Brot: 55–60 Min.
Brötchen: 25–30 Min.
Baguette 30–35 Min.

Die geschälten und fein geraspelten Möhren in die Rührschüssel geben. Wasser, Honig, Essig, Salz, Mehl, gemahlene Walnüsse, Eigelb und zum Schluss die Hefe darauf wiegen.

Anschließend alles mit dem Knethaken 5 Min. zu einem homogenen Teig kneten lassen.

Dem zugedeckten Teig 60 Min. Teigruhe geben. Im Anschluss den Teig recht kräftig durchkneten, zu einem Brotlaib formen und abgedeckt 30 Min. garen lassen.

Den Ofen währenddessen auf 170 °C Umluft oder 180 °C Ober-/Unterhitze mit einem (Metall-)Gefäß auf dem Boden vorheizen. Anschließend den Laib dünn mit Eiklar abstreichen oder für eine rustikale Variante die Oberfläche in Mehl wälzen. Wenn gewünscht, das Brot einschneiden.

Das Brot in den Ofen geben und 100–200 g Wasser in das (Metall-)Gefäß geben, damit Wasserdampf entsteht. Die Temperatur auf 200 °C Umluft bzw. 210 °C Ober-/Unterhitze erhöhen.

Das Brot 55–60 Min. backen und anschließend auf einem Kuchengitter auskühlen lassen.

Hinweise:
Die Walnüsse können je nach Wunsch auch gegen Haselnüsse, Mandeln, Pekannüsse und sonstige Nussarten ausgetauscht werden.
Die Saaten machen sich auch gut auf dem Brot. Wer sie im Teig haben möchte, mischt sie mit dem kochenden Wasser und lässt sie für 30 Min. quellen. Dann 1 Min. vor Schluss in den Teig geben.
Es können auch Brötchen/Semmel aus dem Teig gemacht werden. Hierbei beachten: Teigruhe, Gare und Backtemperatur bleiben gleich, nur die Backzeit reduziert sich auf 20–25 Min.

Nachgebacken von Petra Svoboda

Zucchinibrot

600 g Dr. Schär Mix Brot
10 g Trockenhefe
220 g Wasser (30 °C)
300 g Zucchini, fein geraspelt, nicht ausgedrückt
50 g Walnüsse, fein gemahlen
5 g Salz
40 g Eigelb
60 g Eiklar

Herstellungszeit: ca. 2,5 Std.
Backzeiten je nach Ofen:
Brot: 50–55 Min.
Brötchen: 20–25 Min.
Baguette 25–30 Min.

Die geraspelten Zucchini in die Rührschüssel geben. Wasser, Salz, Mehl, gemahlene Walnüsse, Eigelbe und zum Schluss die Hefe darauf wiegen.

Anschließend alles mit dem Knethaken 5 Min. zu einem homogenen Teig kneten lassen.

Dem zugedeckten Teig 45 Min. Teigruhe geben. Im Anschluss den Teig recht kräftig durchkneten, zu einem Brotlaib formen und abgedeckt 30 Min. garen lassen.

Den Ofen währenddessen auf 170 °C Umluft oder 180 °C Ober-/Unterhitze mit einem (Metall-)Gefäß auf dem Boden vorheizen.

Anschließend den Laib dünn mit Eiklar abstreichen oder für eine rustikale Variante die Oberfläche in Mehl wälzen. Wenn gewünscht, das Brot einschneiden.

Das Brot mit Wasserdampf in den Ofen geben und die Temperatur auf 200 °C Umluft bzw. 210 °C Ober-/Unterhitze hochdrehen.

Das Brot 50 Min. backen und anschließend auf einem Kuchengitter auskühlen lassen.

Hinweis:
Es kann jede Art von Zucchini verwendet werden, egal ob grün oder gelb. Je frischer die Zucchini, desto mehr kann der Teig kleben, dennoch die Zucchini bitte nicht ausdrücken.

Hefe- und Spezial- gebäcke

Dampfnudeln

300 g Dr. Schär Mix Brot
3 g Salz
30 g Rohrzucker (alternativ normaler Zucker)
10 g Vanillezucker
42 g Frischhefe oder 2 Packungen Trockenhefe
20 g Eigelb
30 g weiche, nicht flüssige Butter
270 g lauwarme Milch (ca. 28 °C)
Flüssiges Zitronenaroma oder geriebene Zitrone

Für die Pfanne

100 g Butter
125 g Milch
125 g Zucker

Ergibt 4 Portionen

Herstellungszeit ca. 1,5 Std.
Kochzeit: 30 Min.

Herstellung Teig:

Die Hefe in der lauwarmen Milch auflösen, dann das Eigelb unterrühren.

Als Erstes die Hefe-Milch in die Rührschüssel geben, dann die Butter und dann alle trockenen Zutaten.

Zum Schluss ein paar Tropfen flüssige Zitrone oder etwas geriebene Zitronenschale zugeben.

Den Teig so lange bei mittlerer Geschwindigkeit kneten, bis er glatt und geschmeidig ist.

Er ist sehr weich und muss jetzt in der Schüssel abgedeckt für 50–60 Min. an einem warmen Ort ruhen.

Herstellung Dampfnudeln:

Nach dieser Ruhezeit den Teig auf eine leicht bemehlte Arbeitsfläche geben und etwas kneten, sodass eine glatte, runde Kugel entsteht.

Die Kugel in 8 gleiche Stücke teilen und jedes Teigstück zu einem Knödel formen.

Die Knödel auf Backpapier setzen, etwas andrücken und zugedeckt 30 Min. garen lassen.

Gegen Ende der Gare eine große Pfanne mit gut schließendem (Glas-)Deckel auf den Herd stellen. Butter, Milch und Zucker in die Pfanne geben und nur kurz schmelzen lassen.

Nun die Knödel so in die Pfanne setzen, dass sie gleichmäßig in ihr verteilt sind.

Den Deckel aufsetzen und bei mittlerer bis niedriger Hitze ca. 30 Min. köcheln. Die Flüssigkeit muss am Ende der Garzeit vollständig verdampft und am Boden der Knödel eine schöne Karamellschicht entstanden sein.

Bitte den Deckel der Pfanne während der Garzeit nicht öffnen, sonst fallen die Dampfnudeln in sich zusammen!

Mit Apfelmus oder Vanillesauce servieren.

Grundrezept

Blätterteig

300 g Dr. Schär Mix Brot
1 Prise Salz
180 g Wasser
40 g Eigelb

Zutaten Ziehbutter:
150 g kalte Butter in Würfel
75 g Mix B

Herstellungszeit: ca. 3 Std.

Als erstes die Ziehbutter herstellen, indem die Butterwürfel mit dem Mix B so lange von Hand verknetet werden, bis das ganze Mehl untergearbeitet ist. Dann die Ziehbutter zu einer etwa 10 cm langen Wurst rollen und flach drücken. In Frischhaltefolie einpacken und mindestens 1 Std. in den Kühlschrank legen.

Für den Teig erst die flüssigen Zutaten und dann den Rest in den Knetkessel wiegen und zügig zu einem homogenen Teig verkneten. Diesen auch zu einem Strang rollen und flach drücken. In Klarsichfolie einpacken und ebenfalls in den Kühlschrank legen, bis die Ziehbutter durchgekühlt ist.

Wenn die Ruhezeit fertig ist, den Teig viereckig ausrollen, sodass er ca. 8–10 mm dick ist. Dann die Ziehbutter auf die gleiche Dicke auch viereckig ausrollen.

Alle Mehlreste vom Ausrollen vom Teig abkehren und die Ziehbutter in die Mitte legen. Jetzt alle Seiten des Teiges in die Mitte auf die Butter einklappen und etwas andrücken.

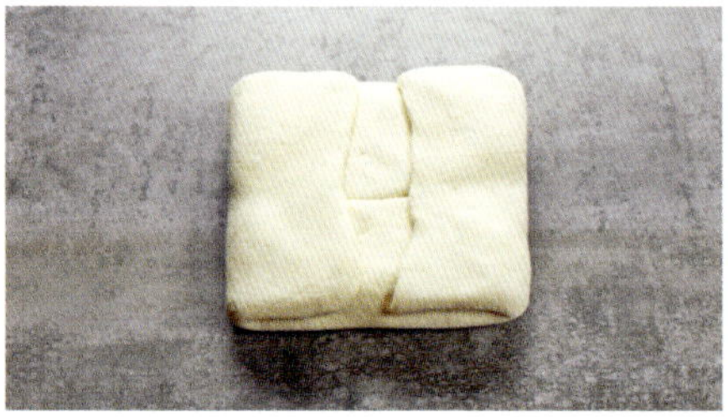

Tourieren:

Schritt 1: Dann das Ganze länglich ausrollen und zu einer einfachen Tour einschlagen und für 15 Min. abgedeckt in den Kühlschrank legen.

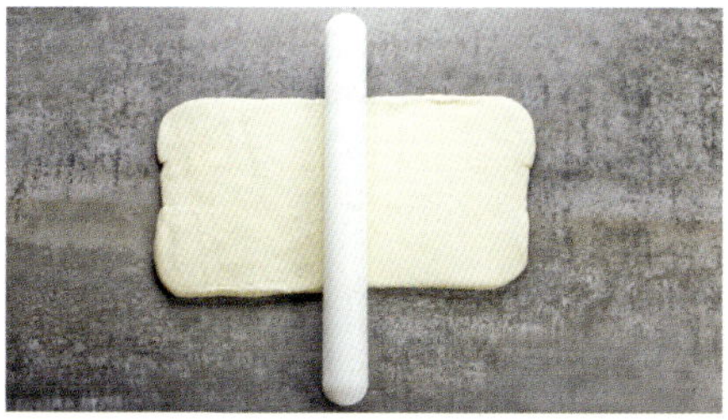

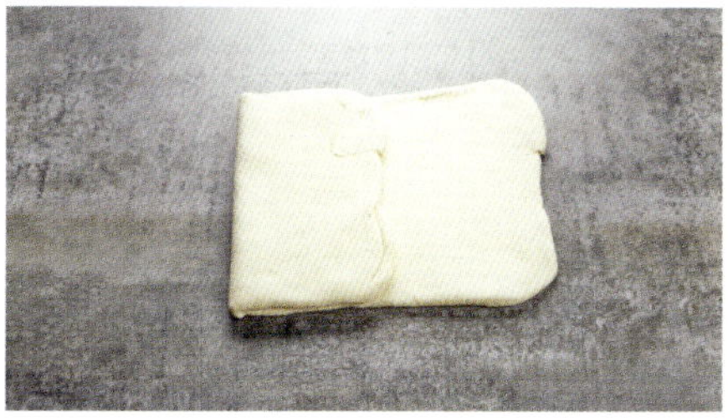

Schritt 2: Den Teig um 90° drehen und wieder länglich ausrollen, sollte er etwas zu schmal sein, kann er auch etwas in die Breite gerollt werden, aber nie flacher als 8 mm.

Schritt 3: Nun dem Teig wieder eine einfache Tour geben und für 30 Min. abgedeckt in den Kühlschrank legen.

Schritt 4: Punkt 1 bis 3 noch einmal wiederholen, und nochmal den Teig für 30 Min. abgedeckt in den Kühlschrank legen.

Mit Blätterteig gebacken von Marina Faust

Mit Blätterteig gebacken von Diana Armstrong

Joghurt-mäuschen

200 g Naturjoghurt
100 g Ei
60 g Zucker
220 g Dr. Schär Mix Kuchen & Kekse
10 g Vanille-Zucker
10 g Backpulver
2 g Salz
5 g Essig
Puderzucker

Ausbackzeit: 6–9 Min. je Joghurtmäuschen

Backpulver mit dem Mehl gut vermischen, dann alle Zutaten zusammen 5 Min. mit dem Rührbesen aufschlagen.

Eine Pfanne mit Öl erhitzen, nicht zu heiß am Anfang, mit 1 oder 2 Teelöffeln Mäuschen ausstechen, vorsichtig ins Öl gleiten lassen. (Ca. 5–6 anfangs, nicht mehr, damit es nicht zu viel wird, denn es geht dann ganz schnell.)

Sobald die Mäuschen schwimmen, umdrehen, damit sie auf der Unterseite auch braun werden.

Wenn sie goldbraun sind, mit Lochschöpfer oder kleinem Sieb herausnehmen. Aufpassen, dass sie nicht verbrennen, weil sie schnell braun werden!

Nach der ersten Partie Herd zurückschalten und die nächste Partie machen. (ich lege maximal 8 ein, weil sonst komme ich mit dem Herausnehmen nicht nach, und derweil verbrennen die anderen).

Mit Puderzucker bestreuen und genießen.

Nachgebacken von Géraldine Perlmutter-Haas

Nachgebacken von Felicitas Spatzeck

Kürbisstuten

190 g Milch (30 °C)
40 g Eigelb
60 g Butter
75 g Rohrzucker
10 g Vanillezucker
5 g Salz
20 g Zitronensaft
400 g Hokkaido, fein gerieben
500 g Mix B

1 Packung Trockenhefe
oder 21 g Frischhefe

Zum Abstreichen:
1 Ei mit 10 g Milch mischen

Herstellungszeit: ca. 2,5 Std.
Backzeiten je nach Ofen:
Stuten: 45–50 Min.
Hefe-Brötchen: 18–22 Min.

Alle Zutaten in der angegebenen Reihenfolge in die Rührschüssel der Küchenmaschine geben.

Mit dem Knethaken auf mittlerer Stufe für ca. 5 Min. zu einem homogenen Teig verarbeiten.

Dem Teig nun 45 Min. Teigruhe geben. Danach einmal kräftig von Hand durchkneten, zu einer Kugel und dann zu einer Rolle formen.

Diese in eine dünn gefettete 30 cm Kastenform legen. Ca. 30 Min. garen lassen.

Den Ofen passend auf 175 °C Umluft bzw. 185 °C Ober-/Unterhitze vorheizen.

Den Stuten mit dem Ei-Milch-Gemisch abstreichen, der Länge nach einschneiden und für ca. 45–50 Min. backen.

Soll der Stuten freigeschoben, also ohne Form, gebacken werden, beträgt die Backzeit ca. 35–45 Min.

Nach dem Backen auf einem Kuchengitter abkühlen lassen.

Tipps:

Etwas geriebene Tonkabohne verleiht dem Teig ein besonderes Aroma. Wer mag, kann auch etwas (ca. 1g) Muskat zufügen, um den Geschmack abzurunden.

Es können auch süße Brötchen geformt werden. Die Gare ändert sich nicht, je nach Größe reduziert sich die Backzeit auf 20–30 Min.

Nachgebacken von Jennifer Steinmetz

Pumpkin Pie

Pie Crust:

115 g Butter
40 g Backmargarine
50 g Wasser
160 g Dr. Schär Mix Kuchen & Kekse
5 g Salz
20 g Zucker
20 g Eigelb
4 g Backpulver

Füllung:

1 kleiner Muskatkürbis oder Hokkaido (soll nach Garen 500 g Mus ergeben)
100 g Ei
350 ml Dulche de Leche oder gesüßte Kondensmilch (z. B. Milchmädchen)
½ TL Salz
80 g brauner Zucker
80 g Zuckerrübensirup
20 g Dr. Schär Mix Kuchen & Kekse
3 g Zimt
2 g gem. Ingwer
½ TL gem. Muskat
1 Msp gem. Nelken

26 cm Springform oder eine 28er bzw. 30er Pie Form

Herstellungszeit: ca. 2 Std.
Backzeiten je nach Ofen:
Pie-Form: 45 Min.
Springform: 50 Min.
Optional Deko: 15 Min.

Hinweis:

Die Fette können nicht durch Öl ersetzt werden.

Herstellung Pie Crust:

Die Butter und Margarine in kleine Würfel schneiden und in den Kühlschrank legen. Die Fette müssen vor der Verwendung richtig kalt sein. Dieser Schritt ist wichtig, um die optimale Konsistenz der Pie Crust zu erzielen. Das Wasser ebenfalls in den Kühlschrank stellen, damit es kalt wird.

Während der Kühlzeit kann der Kürbis für die Füllung (s. unten) vorbereitet werden.

Wenn die Zutaten ausreichend gekühlt sind, können die nachfolgenden Schritte gemacht werden, aber sie müssen zügig ablaufen, damit der Teig nicht zu warm wird!

Die übrigen Zutaten vermengen, erst danach die kalten Zutaten aus dem Kühlschrank holen.

Alles sofort miteinander vermischen, aber nur so lange, bis sich Mehl und Fett soeben miteinander verbunden haben; es dürfen noch kleine Fettstückchen zu sehen sein, so wird die Pie Crust beim Backen schön blättrig.

Den Teig sofort ausrollen und in die Form geben. Diese Form dann bis zur weiteren Verwendung in den Kühlschrank stellen.

Evtl. Teigreste können z. B. zu Blättern geformt und als Deko vor dem Backen auf die Kürbismasse gelegt werden. Bis dahin ebenfalls kühlen.

Herstellung Füllung:

Den Ofen auf 200 °C Umluft bzw. 210 °C Ober-/Unterhitze vorheizen.

Den Kürbis achteln und die Kerne entfernen. Anschließend mit der Schnittfläche nach unten auf ein Backblech legen, in das etwas warmes Wasser geschüttet wird. Nun den Kürbis für 40–60 Min. im Ofen garen, bis das Kürbisfleisch weich ist. Auskühlen lassen.

Nach dem Auskühlen das Fleisch von der Schale lösen, 500 g abwiegen und pürieren.

Eier, Kondensmilch, Salz sowie Zucker und Sirup mit dem Kürbispüree verrühren.

Das Mehl mit den Gewürzen vermischen, unter die Kürbismasse geben und gut vermengen.

Nachgebacken von Diana Armstrong

Herstellung Pie:

Ofen auf 175 °C Umluft oder 185 °C Ober-/Unterhitze vorheizen.

Die gekühlte Form aus dem Kühlschrank nehmen und die Kürbismasse eingießen. Glattstreichen. Ggf. mit Teigblättern verzieren.

Für ca. 50 Min. (Springform) bzw. 45 Min. (Pie Form) backen.

Variationen:

Schokolade:

Den Pie wie oben angegeben backen und auskühlen lassen.

Eine Tafel Schokolade schmelzen, mit 30 ml neutralem Öl verrühren, über den ausgekühlten Pie geben und vor dem Servieren erhärten lassen.

Sahne:

Den Pie wie oben angegeben backen und auskühlen lassen.

Einen Becher Schlagsahne/Obers steifschlagen. Den Kuchen damit garnieren, wenn gewünscht, dünn mit Zimt bestreuen.

Pekannuss-Crumble:

Das Mehl mit den Haferflocken vermischen, die kleinen Butterwürfel zugeben. Das Ganze so lange verkneten, bis grobe Streusel entstehen. Nun den braunen Zucker sowie die grob gehackten Pekannüsse zugeben und gut vermischen.

Die Kürbismasse in die vorbereitete Form gießen und glatt streichen.

Für ca. 25 Minuten bei 175 °C Umluft bzw. 185 °C Ober-/Unterhitze backen.

Den Pekannuss-Crumble aufstreuen und so lange weiter backen, bis der Crumble goldbraun ist, mindestens aber 25 Min.

Variationen:

Schokolade:

1 Tafel Schokolade nach Wahl (ca. 100 g)
30 ml neutrales Öl

Sahne:

200 g Sahne
Zimt nach Belieben

Pekannuss-Crumble:

30 g Dr. Schär Mix Kuchen & Kekse
60 g gf Haferflocken
50 g Butter, klein gewürfelt
100 g brauner Zucker
60 g Pekannüsse, grob gehackt

Tipp:

Evtl. Kürbisreste können für Kürbisgnocchi oder für eine Suppe (z. B. mit etwas Zwiebel, Kartoffeln, Süßkartoffel, Möhre, Orangensaft, Hühnerbrühe, Curry und Ingwer) verwendet werden.

Speck-Gugelhupf

400 g Mix Brot
345 g Milch (32 °C)
400 g Speckwürfel, fein
100 g Walnüsse, ganz, leicht angeröstet
40 g weiche Butter
80 g Eigelb
10 g Zucker
8 g Salz
2 Päckchen Trockenhefe
oder 1 Würfel Frischhefe
5 g getrocknete oder 10 g frische
gehackte Petersilie

Teig für 1 große Gugelhupf-Form oder Marmorkuchenform

Herstellungszeit: ca. 1,25 Std.
Backzeit: 50–60 Min.

Die Walnüsse auf ein Backblech mit Backpapier geben und im Ofen leicht anrösten und anschließend auskühlen lassen.

Währenddessen Milch, Zucker, Salz und Eigelb in die Rührschüssel geben und mit dem Schneebesen von Hand verrühren. Nun die weiche Butter, das Mehl und die Hefe dazu geben.

Den Teig mit dem Knethaken erst 30 Sek. auf niedrigster Stufe mischen und den Rand sauber kratzen. Dann auf mittlerer Stufe nur so lange verkneten, bis der Teig homogen ist.

Jetzt die erkalteten Walnüsse, Petersilie und Speck miteinander vermischen, in den Teig geben und auf mittlerer Stufe so kurz es geht homogen im Teig verteilen lassen.

Den Teig vom Schüsselrand kratzen und mit einem feuchten Küchentuch abdecken und 50 Min. stehen lassen.

In der Zwischenzeit eine Gugelhupf-Form (Marmorkuchenform geht auch) dünn mit Butter fetten.

Der Teig sollte immer noch weich sein, deswegen mit dem Kochlöffel den Teig in der Schüssel durchrühren, dass die Luft entweicht und später keine großen Löcher entstehen.

Den Teig dann gleichmäßig in die Gugelhupf-Form verteilen und glattstreichen. Die Form mit feuchtem Tuch abdecken und 45 Min. garen lassen.

Den Ofen auf 210 °C Umluft (220 °C Ober-/Unterhitze) vorheizen und ein Backgitter in das untere Drittel des Ofens schieben.

Den Speck-Gugelhupf in den Ofen geben und ca. 50–60 Min. backen. Die Backzeit ist abhängig vom Ofen.

Nach dem Backen den Speck-Gugelhupf direkt auf ein Kuchengitter stürzen und leicht auskühlen lassen.

Am besten noch lauwarm servieren

Tipp:
Wenn man 2 kleine Gugelhupfe machen möchte, reduziert sich die Backzeit um 10–15 Minuten.

Sand-
massen

Nachgebacken von
Moni Münster

Nachgebacken von
Nicole Eckert

Nachgebacken von
Nathalie Molina

Nachgebacken von
Cornelia Rusch

Rotwein-kuchen

250 g Butter, weich
150 g Zucker
10 g Vanillezucker
3 g Salz
200 g Ei
20 g Rum
125 g Rotwein
275 g Dr. Schär Mix Kuchen & Kekse
20 g Backkakao
5 g Zimt
10 g Backpulver

Für eine 750 g Kastenform

Herstellungszeit: ca. 0,5 Std.
Backzeiten je nach Ofen:
Kastenform 30 × 10 × 10: 70 Min.

Butter, Zucker, Vanillezucker und Salz zusammen auf höchster Stufe schaumig schlagen lassen.

In dieser Zeit Mehl, Backkakao, Zimt und Backpulver vermischen.

Den Ofen passend auf 180 °C Umluft oder 190 °C Ober-/ Unterhitze vorheizen.

Ist die Butter schaumig, 100 g Ei unterlaufen lassen. Sobald der Teig homogen ist, ein Drittel der Mehlmischung dazugeben und langsam unterrühren. Wenn alles verrührt ist, ca. 30 Sek. auf höchster Stufe aufschlagen.

Nun das restliche Ei unterlaufen lassen, sobald der Teig wieder homogen ist, nochmals ein Drittel der Mehlmischung unterlaufen lassen. Wenn alles verrührt ist, ca. 30 Sek. auf höchster Stufe aufschlagen.

Jetzt je die Hälfte vom Rum und vom Rotwein dazugeben und unterlaufen lassen.

Nun die restliche Mehlmischung und den Rest Rum und Rotwein zugeben. Langsam vermischen und dann ca. 2 Min. bei höchster Stufe aufschlagen.

Währenddessen die Kastenform dünn mit Butter fetten (bitte nicht mit Mehl ausstreuen, sonst entsteht eine trockene Kruste).

Den Teig in die Kastenform füllen und glattstreichen.

Den Kuchen insgesamt 70 Min. backen. Nach 15 Min. Backzeit die Kuchenoberfläche mit einem nassen Messer der Länge nach in der Mitte einschneiden und dann zu Ende backen.

Nach dem Backen den Kuchen aus der Form holen und auf einem Kuchengitter auskühlen lassen.

Wenn gewünscht, kann er mit Schokolade überzogen werden.

Tipp:

Weihnachtlich wird der Kuchen durch Zugabe von Zimt und gemahlener Nelke, Mandelstiftchen und/oder Schokolade.

Kürbiskuchen

200 g Ei
130 g Rohrzucker oder Kristallzucker
5 g Salz
10 g Vanillezucker
100 g Milch
250 g Öl
320 g Dr. Schär Mix Kuchen & Kekse
50 g Mandeln, gemahlen
20 g Backpulver
Saft einer ganzen Zitrone
Geriebene Schale einer halben Zitrone
400 g Hokkaido oder Butternut, geschält und fein gerieben

Zuckerglasur:

1–2 EL Milch
250 g Puderzucker
Saft einer ganzen Zitrone
Geriebene Schale einer halben Zitrone

Herstellungszeit: ca. 30 Min.
Backzeiten je nach Ofen:
Springform: 40–50 Min.
Kastenform 30 × 10 × 10: 45–55 Min.
Auflaufform: 40–50 Min.

Eine 26er Kuchenform, eine mittlere Auflaufform oder eine 30 cm lange Kastenform dünn mit Butter fetten und mit Biskuitbröseln oder Paniermehl ausstreuen.

Die Eier mit Zucker, Salz und Vanillezucker für mindestens 10 Min. bei höchster Stufe schaumig schlagen.

Den Ofen passend auf 175 °C Umluft oder 185 °C Ober-/Unterhitze vorheizen.

Öl und Milch zusammen abwiegen, das Mehl mit den Mandeln und dem Backpulver mischen.

Den Zitronensaft und den Zitronenabrieb unter die schaumigen Eier laufen lassen, anschließend die Öl-Milch-Mischung abwechselnd mit dem Mehl und abschließend den fein geriebenen Kürbis unterrühren.

Die fertige Kuchenmasse in die Form geben und für ca. 40–50 Min. backen.

Nach dem Backen den Kuchen erst 15–20 Min. in der Form auskühlen lassen, bevor er auf ein Kuchengitter gestürzt wird.

Den Puderzucker für die Glasur sieben, mit 1 EL Milch, Zitronensaft und der geriebenen Schale anrühren (sollte sie zu fest sein, nach und nach sehr wenig Milch zugeben) und den Kuchen damit verzieren.

Tipps:

Etwas gemahlener Muskat (ca. 1 g) in der Masse rundet den Geschmack des Kuchens ab. Genauso gibt ein wenig geriebener Ingwer dem Kuchen eine besondere Note.

Die Milch in der Glasur macht sie weißer.

Der Hokkaido kann durch andere beliebige Kürbissorten ausgetauscht werden, dadurch erhält der Kuchen jedes Mal eine andere Geschmacksnote.

Limokuchen

250 g Öl
200 g Zucker
300 g Ei
10 g Vanillezucker
250 g Limo
450 g Dr. Schär Mix Kuchen & Kekse
20 g Backpulver
3 g Salz
1 Orange (Saft und abgeriebene Schale)

Belag:

2 Dosen Mandarinen (à 175 g Abtropfgewicht)
500 g Sahne/Schlagobers
3 Päckchen Sahnesteif
50 g Vanillezucker
500 g Sauerrahm/Schmand
Zimtpulver nach Belieben

Die Mandarinen in ein Sieb schütten und den Saft auffangen.

Die Eier mit Zucker, Salz und Vanillezucker schaumig schlagen. Währenddessen das Mehl mit dem Backpulver mischen.

Öl, Limo, geriebene Orangenschale und den Orangensaft miteinander verrühren und unter die schaumigen Eier laufen lassen.

Anschließend das Mehl-Backpulver-Gemisch unter die Ei-Masse heben. Die Masse auf einem dünn gefetteten Backblech verteilen und glatt streichen.

Im vorgeheizten Ofen bei 180 °C Umluft (190 °C Ober-/Unterhitze) für ca. 20–25 Min. goldbraun backen. Stäbchenprobe!

Während der Kuchen auf dem Blech auskühlt, die Sahne mit 30 g Vanillezucker und dem Sahnesteif aufschlagen.

Den Sauerrahm mit dem restlichen Vanillezucker verrühren, die abgetropften Mandarinen und zum Schluss die geschlagene Sahne unterheben.

Den ausgekühlten Boden mit etwas Saft von den Mandarinen bepinseln und die Sahne-Schmand-Mandarinen-Füllung auf dem ganzen Boden gleichmäßig verteilen. Als Hilfe kann auch ein Rahmen um den Boden gelegt werden.

Den Kuchen mit etwas Zimtpulver bestreuen und servieren oder in den Kühlschrank stellen und erst kurz vor dem Servieren das Zimtpulver nur sehr dünn aufbringen

Herstellungszeit: ca. 30 Min.
Backzeiten je nach Ofen:
Backblech: 20–25 Min.

Nachgebacken von Moni Münster

Nachgebacken von Feemke Haas

Blueberry-Intense-Muffins

230 g Mix Kuchen/Kekse
125 g Öl
90 g Zucker
150 g Ei
5 g Vanillezucker
12 g Backpulver
4 g Salz
100 g Heidelbeeren, frisch oder TK, nicht abgetropft
etwas Orangenpaste

150 g Heidelbeeren, frisch oder TK, nicht abgetropft
50 g Johannisbeersaft
10 g Vanillezucker

Heidelbeer-Mus:

100 g Heidelbeeren
50 g Johannisbeersaft
12 g Maisstärke
5 g Zucker
4 g Vanille-Zucker
Etwas Orangenpaste

Quark-Sahne-Heidelbeer-Topping:

250 g Quark (40%)
200 g Sahne, geschlagen
100 g Heidelbeeren, frisch oder TK, abgetropft
5 g Vanille-Zucker
Etwas Orangenpaste
6 g Sahnesteif

Deko:

200 g Mandeln, gehobelt und geröstet

Die Eier mit Zucker, Salz und Vanillezucker schaumig schlagen. Währenddessen das Mehl mit dem Backpulver mischen.

Öl, Heidelbeeren püriert (hierfür die 150 g Heidelbeeren mit 50 g Johannisbeersaft und 10 g Vanillezucker fein pürieren) und Orangenpaste miteinander verrühren und unter die schaumigen Eier laufen lassen.

Anschließend das Mehl-Backpulver-Gemisch unter die Ei-Masse heben und die ganzen Heidelbeeren unterheben. Die Masse auf die Muffin-Formen verteilen, sodass die Form ¾ gefüllt ist.

Im vorgeheizten Ofen bei 180 °C Umluft (190 °C Ober-/Unterhitze) für ca. 20–25 Min. goldbraun backen. Stäbchenprobe! Backzeit hängt vom Ofen ab.

Während die Muffins backen, die Heidelbeeren für das Heidelbeer-Mus mit Zucker, Vanille-Zucker und Orangenpaste pürieren und dann in einem kleinen Topf zum Kochen bringen.

Johannisbeersaft mit der Stärke verrühren und die kochenden Heidelbeeren mit der Stärkemischung abbinden. So lange kochen lassen, bis das Mus nicht mehr milchig ist.

Das Mus in eine kleine Schüssel geben und mit Frischhaltefolie abdecken. Die Folie auf die Musoberfläche drücken, das verhindert die Hautbildung.

Wenn die Muffins aus dem Ofen kommen, das Mus mit einer Berliner-Füll-Spritztülle in die Mitte der Muffins spritzen und dabei gleichmäßig auf alle verteilen.

Während die Muffins auskühlen, die Sahne mit Vanillezucker aufschlagen und den Quark mit etwas Orangenpaste glattrühren.

Die ganzen Heidelbeeren unter den Quark rühren und anschließend die Sahne unterheben.

Das Topping mit Spritzbeutel und Sterntülle auf die Muffins dekorativ aufdressieren. Anschließend die gehobelten und gerösteten Mandeln auf dem Topping locker verteilen. Nicht zu viele Mandeln aufstreuen, sonst überdecken sie den Geschmack des restlichen Gebäckes.

Tipp:

Ihr könnt bei diesem Rezept jedes tiefgekühlte Obst nehmen: Brombeeren, Himbeeren, Waldbeermischung usw.

Ergibt ca. 9–15 Muffins oder einen 26er Kuchen
Herstellungszeit: ca. 1 Std. | Backzeiten je nach Ofen:
Muffins: 20–25 Min.; Springform 26 cm: 30–40 Min.

Mürbeteig und Süßes

Nougatringe

Mürbeteig:

100 g Puderzucker
200 g kalte Butter, gewürfelt
350 g Dr. Schär Mix Kuchen & Kekse
20 g Eigelb
2 g Salz
½ Ampulle Rum-Aroma
10 g Vanillezucker
oder ½ Ampulle Vanille-Aroma

Nougat-Füllung:

500 g Nuss-Nougat (kein Brotaufstrich!)
(bei Nussallergie alternativ Mandel-Nougat verwenden)
150 g Butter, weich (nicht flüssig!)
½ Ampulle Rum-Aroma
100 g gemahlene, geröstete Nüsse

Dunkler Überzug:

400 g Zartbitterkuvertüre
100 g Vollmilchkuvertüre
100 g Kokosfett

Wird ein heller Überzug gewünscht, können einfach die Verhältnisse Zartbitter-/Vollmilchkuvertüre ausgetauscht werden.

Herstellungszeit:
ca. 85 Min. Mürbeteigringe
ca. 30 Min. auskühlen
60 Min. Absteifen
15 Min. Überziehen
Backzeiten je nach Ofen: 10–12 Min.

Zunächst den Mürbeteig herstellen. Dazu Butter, Salz, Vanillezucker und Aromen mit Puderzucker in der Küchenmaschine verkneten, bis der Zucker nicht mehr zu sehen ist.

Nun das Eigelb hinzugeben und ebenfalls unterkneten. Anschließend das Mehl dazugeben und bei mittlerer Geschwindigkeit so lange weiterkneten, bis ein geschmeidiger Teig entstanden ist.

Den fertigen Teig in Folie einpacken und für 40–60 Min. in den Kühlschrank legen.

Gegen Ende dieser Ruhephase passend den Ofen auf 180 °C Umluft oder 190 °C Ober-/Unterhitze vorheizen.

Den Teig ca. 5–6 mm dick ausrollen und Kreise mit einem Durchmesser von 7–8 cm ausstechen. In der Mitte dieser Kreise ein Loch von ca. 2–3 cm Durchmesser ausstechen und die Ringe auf ein Backblech mit Backpapier legen.

Die Ringe ca. 10–12 Min. goldbraun backen und abkühlen lassen.

Während dieser Zeit die Füllung vorbereiten.

Den Nougat in der Mikrowelle leicht weich machen. Bitte nicht zu weich, sonst dauert es zu lange, bis er wieder so fest ist, dass man ihn verarbeiten kann. Hat man keine Mikrowelle, den Nougat mit der Hand, nicht im Wasserbad, anwärmen. Der Nougat darf auf keinen Fall flüssig werden!

Die Butter mit dem Aroma schaumig schlagen, bis sie hellgelb ist, dann den Nougat nach und nach unterlaufen lassen und nochmals schaumig schlagen. Zum Schluss die gemahlenen Nüsse langsam unterrühren.

Alternativ keine gemahlenen Nüsse verwenden, sondern ganze geröstete, gehäutete Nüsse auf der Masse verteilen (bzw. geröstete Mandeln bei Mandel-Nougat).

Wenn die Ringe abgekühlt sind, die Nougat-Masse gleichmäßig aufdressieren (aufspritzen).

Anschließend die Nougatringe für 60 Min. im Kühlschrank fest werden lassen.

In dieser Zeit die Glasur vorbereiten.

Für die Glasur die beiden Kuvertüren mit dem Kokosfett in einem Wasserbad langsam schmelzen lassen und vorsichtig gut verrühren. Dafür bitte keinen Schneebesen verwenden, damit keine Luft untergearbeitet wird!

Die gekühlten Nougatringe dann kopfüber in die Glasur tunken und auf einem Gitter abtropfen lassen, bis die Glasur fest ist.

Weiteres Dekor (z. B. kontrastierende Schokostreifen) kann nach Wunsch aufgebracht werden.

Nachgebacken von
Verena Vegener

Nachgebacken von
Moni Münster

Linzer Torte

375 g Dr. Schär Mix Kuchen & Kekse
230 g kalte Butter, gewürfelt
110 g Haselnüsse, fein gemahlen
110 g Zucker
40 g Eigelb
6 g Backpulver
5 g Vanillezucker
2 g Salz
1 g Zitrone, gerieben
2 g Zimt, gemahlen
0,5–1 g Nelke, gemahlen
2 g Backkakao
Himbeerkonfitüre mit Kernen als Füllung
1 Ei und etwas Milch zum Abstreichen

Herstellungszeit: ca. 1 Std. 45 Min.
Backzeiten je nach Ofen: 20–25 Min.

Alle Zutaten in die Rührschüssel geben und zunächst langsam, dann auf mittlerer Stufe einen homogenen Teig kneten lassen.

Den Teig in Frischhaltefolie einwickeln und mind. 1 Std. im Kühlschrank durchkühlen lassen.

Eine flache Tarte-Form (Höhe des Randes 1–1,5 cm) sehr dünn mit Öl fetten.

Den Ofen auf 180 °C Umluft bzw. 190° Ober-/Unterhitze vorheizen.

Etwas mehr als die Hälfte vom Teig auf ca. 5 mm Dicke ausrollen und die Form und den Rand damit auslegen. Den Boden mit der Himbeerkonfitüre ca. 5 mm dick einstreichen.

Den restlichen Teig auf ca. 3 mm Dicke ausrollen und in Streifen schneiden. Die Streifen in Gitterform auf die Form legen; sie sollten von der Länge her bis zur Außenseite des Randes reichen und dort bündig abschließen.

Anschließend den Kuchen mit der Ei-Milch-Mischung abstreichen und den Rand mit den Zinken einer Gabel etwas andrücken. Dadurch verbinden sich die Streifen mit dem Rand und es sieht schöner aus.

Ca. 20–25 Min. backen und in der Form auskühlen lassen.

Erst nach dem Erkalten aus der Form nehmen.

Bleibt Teig übrig, kann dieser für Linzer-Kekse oder ähnliches genutzt werden.

Nachgebacken von Cornelia Rusch

Vanille-Mandel-Gebäck

500 g Butter
300 g Zucker
125 g Mandeln, fein gemahlen
75 g Nüsse, fein gemahlen
60 g Eigelb
700 g Dr. Schär Mix Kuchen & Kekse
5 g Vanillezucker
4 g Backpulver
Aromen: Butter-Vanille, Zitrone, Rum
(alle gleichzeitig)

Vanillezucker:
500 g Zucker
50 g Vanillezucker

Herstellungszeit: ca. 30 Min.
Backzeiten je nach Ofen: 15–20 Min.

Alle Zutaten zu einem stabilen, homogenen Mürbeteig verkneten. Dafür die Butter mit dem Zucker und den Eiern so lange in der Küchenmaschine laufen lassen, bis sich der Zucker gelöst hat. Dann die anderen Zutaten zugeben, aber bitte nicht zu lange kneten, sonst wird die Struktur des Teiges zerstört und das Gebäck zerläuft. Ggf. von Hand fertig kneten.

Den Teig zu einem rechteckigen Block von ca. 4 cm Höhe formen. Diesen für mindestens eine Stunde abgedeckt in den Kühlschrank legen.

Den gekühlten Teig in 3 cm breite Scheiben schneiden, dann die Scheiben in 5 mm dicke Streifen schneiden und auf ein Backblech mit Papier legen.

Bei 180 °C Umluft bzw. 190 °C Ober-/Unterhitze, je nach gewünschtem Bräunungsgrad, ca. 15–20 Min. backen.

Die noch warmen Kekse in Vanillezucker wälzen.

Mandel-hörnchen

420 g Marzipanrohmasse
150 g Zucker
1 Prise Salz
Etwas Bittermandel-Aroma
Etwas Vanille
60 g Eiweiß
200 g Mandeln, gehobelt
200 g Zartbitterschokolade
Aprikosenmarmelade ohne Stücke

Herstellungszeit: ca. 45 Min.
Backzeiten je nach Ofen: 14–16 Min.

Das Marzipan in kleine Würfel schneiden und in die Rührschüssel geben. Zucker, Salz, Aromen und die Hälfte des Eiweißes dazugeben und alles verkneten lassen. Nun erst das restliche Eiweiß zufügen und ebenfalls verkneten lassen.

Sollte die Masse zu weich sein, wird sie jetzt für 30 Min. abgedeckt in den Kühlschrank gestellt.

Den Backofen auf 160 °C Umluft (180 °C Ober-/Unterhitze) vorheizen.

Die gehobelten Mandeln auf einen flachen Teller streuen.

Die Marzipanmasse in etwa 12 gleich große Portionen teilen. Jedes Stück zu einem ca. 10 cm langen Strang rollen.

Jeweils einen Strang auf die gehobelten Mandeln legen und darin hin und her wälzen. Mit Abstand auf das Blech legen und zu einem Bogen formen.

Im Backofen ca. 14 Minuten backen, bis die gehobelten Mandeln eine leichte Bräunung haben.

Noch heiß mit kochender Aprikosenmarmelade dünn abstreichen und dann komplett erkalten lassen.

Die Zartbitterschokolade hacken und 2/3 in einem Wasserbad schmelzen lassen. Achtung, nicht zu warm werden lassen. Nun die restliche Schokolade unterrühren und ebenfalls auflösen lassen.

Die Enden der abgekühlten Mandelhörnchen in die Schokolade tunken, auf ein Backpapier legen und erstarren lassen.

Nachgebacken von Cornelia Fisahn

Nachgebacken von Jasmin Blaschitz

Saarländische Zimtwaffeln

200 g Butter, kalt und gewürfelt
5 g Salz (in sehr wenig Wasser aufgelöst)
250 g Zucker
100 g brauner Zucker
Abrieb ½ Zitrone
Etwas Vanille
Etwas Butter-Aroma
480 g Dr. Schär Mix Kuchen & Kekse
50 g Mix Brot
15 g Zimt
100 g Ei

Herstellungszeit: ca. 2 Std. 15 Min.
Backzeiten: 3–5 Min. je nach Waffeleisen und Farbe

Butter, Salzwasser, Zucker, brauner Zucker und Aromen so lange verkneten, bis eine geschmeidige Masse entstanden ist. Währenddessen das Mehl mit dem Zimt leicht mischen.

Die Eier unter die Buttermasse laufen lassen, danach das Mehl unterkneten, bis ein homogener Teig entstanden ist. Bitte aber nicht zu lange kneten, da der Teig sonst brandig wird und zerbröselt.

Den Teig nun für mind. 2 Std. gut eingepackt in den Kühlschrank legen.

Anschließend zu kleinen Kugeln rollen und im heißen Zimtwaffeleisen oder Eisenwaffeleisen ausbacken.

Alternativ den Teig viereckig auf ca. 5–6 mm Dicke ausrollen, Würfel von 1 cm Kantenlänge schneiden und ebenfalls in den genannten Waffeleisen ausbacken.

Nachgebacken von
Mandy b. Kaltschmidt

Hinweis:

Schär ändert aktuell die Namen und Verpackungen seiner Mehle, die Rezeptur bleibt unverändert! Da wir gerade in der Übergangsphase sind, nenne ich beide Namen. So wird aus dem vertrauten Mix B künftig Mix Brot.

Eiweiß, Salz und Zucker schaumig schlagen. Sobald die Mischung weißlich ist, den Zitronensaft und Vanillezucker zufügen, danach den Eischnee zu einer stabilen Masse fertig schlagen.

Währenddessen den Puderzucker mit der Stärke mischen und fein sieben.

Die Puderzucker-Stärke-Mischung vorsichtig von Hand unter den fertigen Eischnee heben. Die Masse kann nun nach Belieben weiterverarbeitet werden.

Variante 1, Backen:

Die Baisermasse mit einem Spritzbeutel portionsweise nicht zu dick auf ein Blech mit Backpapier dressieren.

Den Ofen auf 120 °C Umluft (130 °C Ober-/Unterhitze) vorheizen und das Blech in den Ofen schieben. Einen Holzlöffel in die Ofentür klemmen, damit der Wasserdampf entweichen kann. Lässt das der Ofen nicht zu, die Tür einfach während des Backens immer mal wieder öffnen.

Die genaue Backzeit hängt sowohl vom Ofen als auch von der Dicke und Größe des Gebäcks ab. Das Gebäck ist fertig, wenn man es durchbricht (immer eins zur Probe nehmen) und es innen nicht mehr weich ist. Dies kann bis zu 3 Std. dauern, je nach Gebäckgröße.

Variante 2, Trocknen

für z. B. Meringue oder dicke Gebäcke:

Den Ofen auf 80 °C Umluft bzw. 90 °C Ober-/Unterhitze vorheizen und die Gebäcke in den Ofen geben. Dabei einen Holzlöffel in die Ofentür klemmen, damit der Wasserdampf entweichen kann. Alternativ die Tür während des Trockenvorgangs häufiger öffnen.

Die Gebäcke für mind. 5 Std. trocknen. Man kann prüfen, ob sie durchgetrocknet sind, indem man eines durchbricht, sonst noch etwas länger im Ofen lassen.

Baisermassen-Variationen

125 g Eiweiß
125 g Zucker
125 g Puderzucker
15 g Mais- oder Kartoffelstärke
5 g Zitronensaft
5 g Vanillezucker
2 g Salz

Herstellungszeit: ca. 15 Min.
Trocknungszeiten: 3–5 Std.

Tipps:

Für Schokobaiser die Hälfte der Stärke gegen Backkakao austauschen. Außerdem kann jedes Aroma oder auch eine Fruchtpaste mit untergehoben werden. Aber Achtung, die Masse wird dann etwas weicher.

Hinweis:

Baisermasse eignet sich z. B. zur Herstellung von Meringue oder zur Dekoration.

Schaummasse

120 g Eiweiß
120 g Zucker
70 g Puderzucker
10 g Mais- oder Kartoffelstärke
5 g Vanillezucker
1 Prise Salz
1 Spritzer Zitronensaft

Herstellungszeit: ca. 15 Min.
Trocknungszeiten: 10–20 Min.

Eiweiß, Salz und Zucker schaumig schlagen. Sobald die Mischung weißlich ist, den Zitronensaft und Vanillezucker zugeben. Anschließend den Eischnee zu einer stabilen Masse fertig schlagen. Währenddessen den Puderzucker mit der Stärke mischen und fein sieben.

Die Puderzucker-Stärke-Mischung von Hand unter den fertigen Eischnee heben. Das vorgesehene Gebäck damit einstreichen oder das Dessert abdecken.

Das Abflämmen im Ofen erfolgt bei 200 °C Umluft bzw. 210 °C Ober-/Unterhitze, bis der Eischnee anfängt zu bräunen bzw. hellbraun ist.

Hinweis:
Schaummasse eignet sich zum Abflämmen von Obsttorten oder Desserts.

Nachgebacken von
Jessica Petrazzini

Spritzringe

200 g Milch
75 g Butter
3 g Zucker
3 g Salz
200 g Dr. Schär Mix Brot
10 g Backpulver
4–5 ganze Eier
10 g Vanille-Zucker
Etwas Zitronenabrieb oder -pulver

Bitte vorbereiten:
Spritzbeutel und Sterntülle
Großer hoher Topf mit Öl oder Frittierfett
Ein Blech, Tablett oder Blechscheibe mit Frittierfett gefettet
Backpapier 15x15 cm groß
1 ganzes Backpapier

Herstellungszeit: 1 Std.
Backzeit: 5–8 Min. je nach Hitze des Fettes

Milch, Butter, Salz und Zucker zusammen aufstellen. Mehl abwiegen, Eier in eine Schüssel geben.

Wenn die Mischung kocht, Mehl unterheben und solange rühren, bis sich die Masse vom Holzlöffel löst und sich am Boden ein weißer Film gebildet hat.

Die Masse auf ein Blech geben, mit Frischhaltefolie abdecken und auskühlen lassen.

Nach dem Erkalten die Masse in einen Kessel geben und mit dem Flachrührer (kein Knethaken und kein Schneebesen!) laufen lassen. Nach und nach die Eier unterlaufen lassen, bis die Konsistenz von Eischnee erreicht ist: Stabil aber so weich, dass man die Masse aufspritzen kann und sie einen schönen Glanz hat. Dann noch nach und nach das Backpulver unterlaufen lassen.

Diese Angabe ist ungefähr, da es je nach Abröstgrad variieren kann.

Den großen Topf mit Frittierfett oder Öl auf den Herd stellen und aufheizen. Der Topf sollte nur maximal zu 60% gefüllt sein.

Achtung!
Fett nicht zu heiß werden lassen, Brandgefahr!

Die weiche, aber stabile Masse in den Spritzbeutel füllen.

Das große Backpapier neben den Herd und den Topf legen. Die kleinen Backpapier-Vierecke mit dem heißen Fett bepinseln und auf den großen Backpapier auskühlen lassen.

Auf die kleinen Backpapiere Ringe mit der Brandmasse aufspritzen und dann wie folgt vorgehen:

- Ein Papier an der Ecke hochheben und so lange in das heiße Fett halten, bis der Ring sich ablöst.
- Nicht zu viele Ringe auf einmal ausbacken, sie sollten genug Platz zum freien Schwimmen im Fett haben.
- Mit zwei Gabeln die Ringe wenden, damit sie gleichmäßig braun werden.
- Es gibt keine Backzeit, da es von der Hitze des Fettes abhängt und man eh nicht weglaufen darf.

Die fertigen Ringe auf einem Gitter abtropfen lassen, Backpapier unterlegen, das spart das putzen.

Wenn alle Ringe gebacken sind, die Ringe entweder abstauben oder mit Zuckerglasur überziehen.

Tipp:
Die Ringe können auch kalt durchgeschnitten und mit Kirschen oder/und Sahne gefüllt werden.

Nachgebacken von Nicole Miersch

Biskuit und Cremes

Grundrezept

Wiener Masse

300 g Ei
150 g Zucker
10 g Vanillezucker
90 g Dr. Schär Mix Kuchen & Kekse
75 g Maisstärke
3 g Salz
Etwas Zitronenaroma
Etwas Vanillearoma
50 g flüssige Butter (nicht heiß)

Form mit 26 cm ∅

Herstellzeit: 1 Std.
Backzeit: 20–30 Min. je nach Ofen und Größe des Bodens

Mix Kuchen & Kekse und Maisstärke miteinander vermischen und sieben.

Die Eier mit dem Zucker vermischen. Aromen, Salz und Vanillezucker dazugeben und dann entweder in einem Wasserbad oder im Topf direkt auf dem Herd unter ständigem Rühren »warm schlagen«, d.h. die Eier unter ständigem Rühren auf 70–75 °C erhitzen.

Sobald die Temperatur erreicht ist, die Eier sofort in die Rührschüssel der Küchenmaschine geben und mit dem Schneebesen »kalt schlagen«, d.h. so lange schlagen lassen, bis die Eier nur noch maximal Raumtemperatur haben. Dies kann bis zu 40 Min. dauern!

Den Ofen auf 160 °C Umluft oder 170 °C Ober-/Unterhitze vorheizen.

Sobald die Eier kalt genug sind, die Mehl-Stärke-Mischung vorsichtig mit einem Schneebesen unterheben und anschließend ebenso vorsichtig 50 g flüssige, nicht heiße Butter unterziehen und in eine ggf. gefettete, runde Kuchenform geben.

Auf mittlerer Schiene ca. 20–30 Min. backen. Abhängig vom Ofen und der Größe des Tortenbodens.

Nach dem Backen im Ring kopfüber auf einem Kuchengitter mit Tuch auskühlen lassen.

Tipps:

Für einen Schokoladenboden einfach 20 g Maisstärke durch 20 g Backkakao ersetzen.

Der Wiener Boden eignet sich auch für sog. Osterlämmer, dann aber bitte 75 g flüssige Butter unterarbeiten, so bleibt der Teig saftiger.

Zwieback

200 g Ei
50 g Zucker
60 g Dr. Schär Mix Kuchen & Kekse
50 g Maisstärke
2 g Salz
Etwas Vanille

Variation

5–8 g Fenchel oder Anis

Herstellungszeit: 45 Min.
Backzeit: 20–30 Min.

Mix Kuchen & Kekse und Maisstärke miteinander vermischen und sieben.

Den Ofen auf 190 °C Umluft oder 200 °C Ober-/Unterhitze vorheizen.

Eier, Zucker, Salz und Vanille in die Rührschüssel geben und so lange schaumig schlagen (mindestens 15–20 Min.), bis eine recht stabile Masse entstanden ist. Das Mehl vorsichtig unterheben und die Masse in eine gefettete, dünn bemehlte Kastenform mit mind. 30 cm Länge geben.

Auf mittlerer Schiene ca. 40–50 Min. backen. Bitte vor dem Herausnehmen testen, ob es durchgebacken ist. Den Biskuit in der Form etwas abkühlen lassen und anschließend auf ein Gitter stürzen. Anschließend, am besten über Nacht, richtig auskühlen lassen.

Am nächsten Tag den Ofen auf 180 °C Umluft oder 190 °C Ober-/Unterhitze vorheizen.

Dann den Biskuit in max. 5–8 mm dicke Scheiben schneiden und auf ein Backblech ohne Backpapier legen. Das Backblech in den Ofen geben und die Scheiben insgesamt ca. 20–30 Min. backen. Bitte beobachten, wann der Zwieback die gewünschte Farbe erhalten hat.

Nach der Hälfte der Zeit das Backblech aus dem Ofen nehmen, die Scheiben umdrehen und dann weiter backen lassen, bis sie braun genug sind.

Die Scheiben auskühlen lassen und fertig ist der leckere Zwieback.

Variation:

Den Fenchel oder Anis mit dem Mehl mischen und unter die Eimasse heben.

Alles andere bleibt gleich. Diese Variante ist besonders verträglich für den Magen.

Nachgebacken von
Franziska Derungs

Nachgebacken von
Nathalie Molina

Grundrezept

Buttercreme

300 g Ei
150 g Zucker
450 g Butter, weich
5 g Salz
½ Ampulle Butter-Vanille Aroma
10 g Vanillezucker

Herstellungszeit ca. 1 Std.

Die Eier mit dem Zucker vermischen. Aroma, Salz und Vanillezucker dazugeben und dann entweder in einem Wasserbad oder direkt auf dem Herd unter ständigem Rühren »warm schlagen«, d. h. unter ständigem Rühren die Eier auf 70–75 °C erhitzen. Sofort die Eier in die Rührschüssel der Küchenmaschine geben und mit dem Schneebesen »kalt schlagen«, d. h. so lange schlagen lassen, bis die Eier nur noch maximal Raumtemperatur haben; dies kann bis zu 40 Min. dauern!

In dieser Zeit die weiche Butter, z. B. mit einem Handrührgerät, schaumig rühren, und zwar so, dass sie wirklich fast weiß ist.

Sobald die Eier die benötigte Temperatur erreicht haben, ein Drittel davon unter die Butter laufen lassen, und sobald alles gebunden ist, auch den Rest der Eier dazugeben und zügig unterlaufen lassen. Sollte die Creme etwas gerinnen oder sich trennen, maximal ein Fünftel dieser Masse kurz in der Mikrowelle erwärmen und dann unter die restliche Creme laufen lassen. So wird sie wieder glatt.

Diese Menge reicht für eine ganze Torte.

Tipps:

Für Schokobuttercreme ca. 200 g Kuvertüre schmelzen und unter ständigem Rühren unter die weiche Buttercreme rühren.

Bei der Zugabe von Alkohol muss man vorsichtig sein, da sich sonst die Buttercreme ebenfalls trennen kann. Deshalb bitte nur nach und nach Alkohol in die Creme rühren. Ein Zuviel kann man nicht korrigieren.

Die Buttercreme kann auch gut eingefroren werden. Einfach auftauen lassen, etwas in der Mikrowelle erwärmen und durchrühren. Fertig.

Für eine Mocca-Buttercreme das Rezept mit 2–3 abgekühlten Espressi und etwas flüssiger dunkler Schokolade vermischen.

Kuchen und Torten

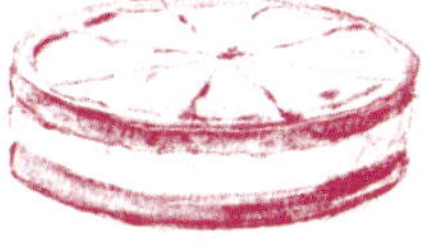

Käse-Sahne-Torte

½ Biskuitboden (siehe S. 124)
90 g Milch
90 g Sahne/Schlagobers
120 g Zucker
100 g Eigelb
5 Blatt weiße Gelatine
Ein wenig Zitronenaroma
Ein wenig Vanillearoma
1 Prise Salz
500 g Magerquark/Topfen
400 g Sahne/Schlagobers

Herstellungszeit: 45 Min.
Absteifungszeit: mind. 12 Std., besser über Nacht

Milch, 90 g Sahne, Zucker, Eigelb, etwas Zitrone, etwas Vanille und eine Prise Salz in einer Metallschüssel gut miteinander verrühren.

Gelatine nach Anleitung in Wasser einweichen.

Die Milch-Mischung in einem Wasserbad unter ständigem Rühren auf 75–80 °C erhitzen, vom Herd nehmen und die aufgeweichte, gut ausgedrückte Gelatine dazugeben. Anschließend den Quark unterrühren und nun die Masse auf höchstens 20 °C abkühlen lassen, dabei immer wieder zwischendurch umrühren. Aber bitte dafür nicht in den Kühlschrank stellen!

Die 400 g Sahne nicht zu steif aufschlagen.

Sobald die Quark-Masse auf 20 °C abgekühlt ist, ungefähr 100 g der aufgeschlagenen Sahne vorsichtig unterrühren. Anschließend die restliche aufgeschlagene Sahne vorsichtig unterheben.

In diesem Rezept wird ein halber Biskuitboden verwendet, den erhält man, wenn das Biskuitrezept dieses Buches gebacken und das Ergebnis dann halbiert wird. Wir verwenden bitte die obere Hälfte des Biskuits, damit wir für die Torte eine schöne Oberseite (Haut) haben.

Diesen halben Biskuitboden nochmals halbieren, die Seite mit der Haut nach oben auf einen extra Platz legen und, je nach Wunsch, in 14 oder 16 gleichmäßige Stücke schneiden. Das erleichtert das spätere Aufschneiden der Torte.

Die andere Biskuithälfte in den Ring der Kuchenform legen und die Sahne-Quark-Masse bis ca. 1 cm unter den Rand einfüllen. Anschließend die geschnittenen Biskuitstücke als »Deckel« auf die Füllung legen, sodass der Biskuitboden oben abschließt.

Die Torte mindestens 12 h oder über Nacht in den Kühlschrank stellen, damit sie stabil wird.

Am nächsten Tag die Torte mit einem kleinen Messer vom Ring lösen. Am Rand mit geschlagener Sahne dünn einstreichen und den Deckel mit Puderzucker dünn abstauben.

Nachgebacken von
Barbara Waldner

Schwarzwälder Kirschtorte

Mürbeteig:

25 g Puderzucker
50 g Butter
80 g Dr. Schär Mix Kuchen & Kekse
1 g Backpulver
Etwas Vanille-Zucker oder Aroma
Eine Prise Salz

Gekochte Kirschen:

1 Glas Kirschen (Sauerkirschen im Glas)
40 g Zucker
Etwas Zimt
Etwas Vanille
Etwas Zitrone
60 g Maisstärke
30 g Kirschwasser

Form mit 26 cm ∅

Herstellungszeit Mürbeteig: 45 Min.
Backzeit Mürbeteig: 8–10Min.
Herstellungszeit Kirschen: 30 Min.
Herstellungszeit je Bisquitboden: 1 Std.
Backzeit je Bisquitboden: 20–30 Min., je nach Ofen
Herstellzeit Schwarzwälder: 30 Min.
Absteifungszeit: mind. 4–6 Std., besser über Nacht

Hinweis:

Nehmt euch am besten zwei Tage Zeit und macht am ersten Tag den Mürbeteig, die gekochten Kirschen und die beiden Biskuitböden. Am zweiten Tag dann die Torte selbst herstellen.

Mürbeteig:

Alle Zutaten so kurz wie möglich von Hand zu einem homogenen Teig kneten und dann in Frischhaltefolie verpackt für 30 Min. kaltstellen.

Anschließend den Teig 1–1,5 mm dick ausrollen und eine runde Platte im Durchmesser der Springform ausschneiden oder ausstechen. Diesen Boden dann bei 180 °C Umluft oder 190 °C Ober-/Unterhitze ca. 8–10 Min. backen bis er hellbraun ist.

Gekochte Kirschen:

Kirschen abschütten und Saft auffangen. 250 g Kirschsaft abwiegen und mit Zucker, Zimt, Kirschwasser, Vanille und Zitrone zum Kochen bringen. In der Zwischenzeit die Maisstärke mit 50 g Wasser anrühren. Den restlichen Saft für den nächsten Tag aufheben.

Wenn die Kirschen recht abgetropft sind, ca. 12–16 schöne Kirschen aussuchen für die Deko der Sahnetorte und separat hinlegen.

Wenn der Saft kocht, die Maisstärke nochmals gut verrühren, diese Mischung dann unter Rühren unter den kochenden Kirschsaft geben und unter Rühren zum Kochen bringen und mindestens 1 Min. kochen lassen.

Dann die abgetropften Kirschen mit einem Holzlöffel unter den kochenden Kirschsaft heben und wieder zum Kochen bringen. Anschließen in eine frische Schüssel oder auf ein Blech schütten und mit Frischhaltefolie abdecken (bitte andrücken) und im Kühlschrank auskühlen lassen.

heller Biskuitboden:

100 g Ei
50 g Zucker
30 g Dr. Schär Mix Kuchen & Kekse
25 g Maisstärke
1 g Salz
Etwas Zitrone
Etwas Vanille

Schoko-Biskuitboden:

100 g Ei
50 g Zucker
30g Dr. Schär Mix Kuchen & Kekse
15 g Maisstärke
10 g Backkakao
1g Salz
Etwas Zitrone
Etwas Vanille

Biskuitböden:

Mix Kuchen & Kekse und Maisstärke miteinander vermischen und sieben. Bei Schoko-Biskuit noch den Kakao mit untermischen.

Eier und Zucker mit den Aromen in die Rührschüssel geben und so lange schaumig schlagen, bis eine sehr helle und stabile Eimasse entstanden ist.

Ofen auf 190 °C Umluft oder 200 °C Ober-/Unterhitze vorheizen

Wenn die Eier stabil genug sind, das Mehl vorsichtig unterheben und in eine runde Kuchenform geben.

Auf mittlerer Schiene ca. 20–25 Min. backen. Bitte Stäbchenprobe machen.

Fertigstellung der Schwarzwälder Kirschtorte:

Die beiden Biskuitböden nochmals halbieren und jeweils eine Hälfte gut einpacken und einfrieren.

Den Mürbeteigboden dünn mit einer Marmelade bestreichen (passende Sorte bevorzugend z. B. Kirschmarmelade, dünn Aprikose oder Ähnliches geht auch!)

Dann den hellen Boden mit der Schnittfläche nach unten auf den Mürbeteigboden legen und etwas andrücken. Einen 5 cm hohen Tortenring um den Biskuit stellen.

Nachgebacken von Juliane Reimann

Anschließend die gekochten Kirschen verrühren, sodass sie geschmeidig werden. Den aufgehobenen Kirschsaft nehmen und die 20g Kirschwasser dazu geben und den Biskuit etwas damit tränken, sodass noch genug für den dunklen Boden übrigbleibt.

Anschließend die Kirschen kuppelförmig auf dem hellen Boden verteilen. Darauf achten, dass ca. 1–1,5 cm vom Rand des Bodens frei bleibt.

Nun den Schokoboden auflegen und vorsichtig andrücken, sodass dieser auch eine Kuppelform bekommt. Den Boden dann auch tränken und alles zur Seite stellen.

Jetzt die Sahne aufschlagen, stabil – aber nicht so stabil, dass sie sich fest anfühlt, sondern sie soll sich zart anfühlen.

Jetzt 50 g Zucker, 60 g Kirschwasser, die Gelatine und 2 EL der geschlagenen Sahne in einem Topf unter ständigem Rühren leicht erwärmen, sodass alles aufgelöst, aber nicht wärmer als die Lippe ist. Sollte es wärmer als 25 °C sein, erst abkühlen lassen.

Diese Mischung in eine Rührschüssel geben und 1/3 der geschlagenen Sahne damit vermischen. Dann die restliche Sahne unterheben.

Die komplette Kirschwassersahne auf den Schokoboden geben und kuppelförmig glattstreichen. Um die Luft an den Seiten herauszubekommen, die Torte vorsichtig aufklopfen lassen.

Dann die Torte bis zum nächsten Tag kaltstellen.

Am nächsten Tag die Schwarzwälder aus dem Ring schneiden und die Oberfläche dünn mit geschlagener Sahne einstreichen. Nun mit geschlagener Sahne den Rand einstreichen, dann mit einem Schaber, der eine rechtwinklige Seite hat, mit dieser Seite am Rand entlang Streichen, so wird die Sahne am Rand komplett glatt. Die überstehende Sahne mit einem glatten Messer oder einer Palette nach innen ziehen.

Nur den unteren Teil des Tortenrandes mit Schoko-Streusel absetzen.

Dann die Oberfläche der Torte in 16 Stücke einteilen, auf jedes Stück am Rand eine Rosette spritzen und innen die Oberfläche mit den Schokoraspeln dicht bestreuen.

Die aufgehobenen Kirschen vom Vortag auf die Rosette setzen und die ganze Oberfläche mit Puderzucker dünn bestreuen.

Fertigstellung:

1 Mürbeteigboden
1 flacher heller Biskuitboden
1 flacher Schoko-Biskuitboden
1x gekochte Kirschen laut Rezept
etwas Kirschsaft
60 g Kirschwasser für die Sahne
20 g Kirschwasser für den Kirschsaft
3 Blatt Gelatine
50 g Zucker
600 g Schlagsahne
12–16 Kirschen ungekocht vom Vortag
400 g Schokohobel
200 g Schoko-Streusel
Puderzucker zum bestäuben
300–400 g geschlagene Sahne zum Ausdekorieren und Einstreichen.

Käsekuchen

Mürbeteig:

100 g kalte Butter, gewürfelt
90 g Zucker
50 g Ei
250 g Dr. Schär Mix Kuchen & Kekse
1 g Salz
10 g Vanillezucker
Etwas Zitronenaroma oder etwas Zitronenschale

Käsekuchenmasse:

90 g Zucker
70 g Maisstärke
20 g Vanillezucker
Zitronenschale, gerieben
150 g Ei
750 g Quark/Topfen
600 g Sahne/Schlagobers

Form mit 26 cm Ø

Herstellungszeit: 45 Min.
Backzeit: 2 × ca. 20 Min. (je nachdem wie der Kuchen hochkommt)

Alle Mürbeteigzutaten so kurz wie möglich von Hand zu einem homogenen Teig kneten. Flach drücken, in Folie packen und für ca. 30 Min. in den Kühlschrank legen. Gegen Ende der Ruhezeit den Ofen auf 190 °C Umluft oder 200 °C Ober-/Unterhitze vorheizen.

Den Mürbeteig auf ca. 5 mm Dicke ausrollen, den Boden ausschneiden und in die dünn gefettete Kuchenform legen. Den Boden einige Male mit einer Gabel einstechen, damit sich keine Blasen bilden und für 10–12 Min. im Ofen halb backen. Er sollte noch sehr hell und nicht braun sein. Das verhindert, dass der Boden speckig wird.

Während der Boden abkühlt, den restlichen Mürbeteig nochmals gleichmäßig dick ausrollen, Streifen in der Höhe des Randes der Kuchenform schneiden und den gefetteten Rand der abgekühlten Form mit diesen Streifen auslegen. Unten, am Übergang zum Boden, den Mürbeteig etwas andrücken, damit beim Backen keine Quarkmasse ausläuft.

In einer großen Schüssel Zucker, Maisstärke, Vanillezucker und etwas Zitronenabrieb trocken gut vermischen.

Die Eier dazugeben und kräftig verrühren, damit keine Klumpen entstehen.

Nun den Quark gut unterrühren.

Die ganze Sahne aufschlagen, aber drauf achten, dass sie nicht zu fest wird. Die geschlagene Sahne unter die Quarkmasse heben, alles in die Kuchenform füllen und die Oberfläche gut glatt streichen.

Den Kuchen in den heißen Ofen stellen, und sobald die Masse über den Rand der Form schaut, wieder sehr vorsichtig herausholen. Mit einem nassen Messer direkt über dem Rand der Kuchenform die Quarkmasse etwas einschneiden (Messer im 90° Winkel auf den Rand auflegen), danach den Kuchen sofort wieder vorsichtig in den Ofen stellen und weiterbacken.

Sobald die Masse ca. 1 cm hoch über die Kuchenform gestiegen ist, den Kuchen aus dem Ofen nehmen und so lange draußen lassen, bis die Masse auf die Höhe der Form abgesunken ist. Das dauert durchaus mehrere Minuten.

Danach den Kuchen erneut in den Ofen geben und nochmals so lange backen, bis die Masse wieder 1 cm über die Form hochgestiegen ist. Jetzt ist der Kuchen fertig. Er wird noch etwas wabbelig sein, aber er wird beim Abkühlen fester werden.

Den Kuchen bitte sehr gut in der Form auskühlen lassen, dabei entwickelt er auch seinen typischen Glanz.

Zimt-Schmand-Kuchen

Hefeteig:

160 g Mix Brot
2 g Salz
20 g Rohrzucker (alternativ normaler Zucker)
4 g Vanillezucker
8 g Frischhefe oder 4 g Trockenhefe
8 g Eigelb
15 g weiche Butter
140 g lauwarme Milch (ca. 32 °C)
Etwas flüssiges Zitronenaroma oder geriebene Zitrone

Zimt-Schmand:

350 g Hefeteig
80 g Ei
290 g Schmand
290 g Sahne, geschlagen
115 g Vanille-Kalt-Cremepulver (Puddingpulver, mit dem man mit kalter Milch Pudding machen kann)
Ca. 200 g Zimt-Zucker, mit viel Zimt angerührt

Form mit 26 cm ∅

Herstellungszeit: 2 Std.
Backzeit: 30–40 Min.

Hefeteig:

Die Hefe in der lauwarmen Milch auflösen, dann das Eigelb unterrühren.

Als Erstes die Hefe-Ei-Milch in die Rührschüssel geben, dann die Butter und danach alle trockenen Zutaten. Zum Schluss die Zitrone dazugeben.

Nun den Teig so lange bei mittlerer Geschwindigkeit kneten, bis er glatt und geschmeidig ist. Dabei bitte ggf. den Schüsselrand mit Hilfe eines Teigschabers abkratzen, damit wirklich alle Zutaten in den Teig kommen.

Der Teig ist sehr weich und muss jetzt in der Schüssel abgedeckt für 45–60 Min. an einem warmen Ort ruhen.

Bitte auf keinen Fall weiteres Mehl unterkneten, weil einem der Teig zu weich vorkommt. Bitte auch nicht die Schüssel in den ausgeschalteten Ofen setzen (!), diese Methode ist i.d.R. zu warm für die Hefe, sie nimmt Schaden.

Nach der Ruhe den Teig auf eine leicht bemehlte Arbeitsfläche geben und so kneten, dass eine glatte Kugel entsteht.

Zimt-Schmand:

26 cm Springform mit weicher Butter fetten, sodass der Rand halb hoch mit der Butter gefettet ist.

Die gefettete Form halb hoch mit dem Hefeteig auslegen. Achtung, nicht zu dünn ausrollen.

Den Hefeteig 40 Min. garen lassen und dann den Hefeteig am Boden punktuell etwas mit den Fingern eindrücken.

Ofen auf 200 °C Umluft vorheizen.

Schmand, Ei und Kalt-Cremepulver miteinander kräftig verrühren, sodass keine Klumpen mehr vorhanden sind. Dann die geschlagene Sahne vorsichtig unterheben.

Sofort in die Form füllen und glatt streichen und mit dem intensiven Zimt-Zucker nicht zu dünn bestreuen.

Den Kuchen auf mittlerer Schiene ca. 35–40 Min. backen.

Den Kuchen erst, nachdem er nur noch leicht warm ist, aus der Form nehmen.

Medovik – Russische Honigtorte

Läuterzucker:
100 g Kristallzucker
100 g Wasser

Dulce de Leche:
70 g Butter
300 g Zucker
3 g Salz
1 Pck. Vanillezucker
250 g Vollmilch
1 Dose Kondensmilch (340 g)

Herstellungszeit Läuterzucker: 10 Min.
Herstellungszeit Dulce de Leche: 1 Std.
Herstellung Teig: 1–2 Std.
Herstellung Torte: 30 Min.
Durchkühlzeit: mind. 8 Std., besser über Nacht

Nachgebacken von Katrin Kuster

Diese klassische russische Torte besteht aus mehreren dünnen Böden, zwischen denen jeweils eine ebenfalls dünne Schicht Creme verteilt wird.

Läuterzucker:
Zucker und Wasser zusammen aufkochen, etwas köcheln und dann abkühlen lassen.

Dulce de Leche:
Die Butter in einer großen beschichteten Pfanne oder in einem Topf schmelzen. Nach und nach Zucker, Salz und Vanillezucker unterrühren.

Langsam die Milch und die Kondensmilch angießen und rühren, sodass eine homogene Masse entsteht.

Die Hitze reduzieren und ca. 40 Min. köcheln lassen.

Dabei regelmäßig umrühren und aufpassen, dass die Masse nicht anbrennt. Die Dauer ist abhängig von der gewählten Temperatur.

Die Dulce de Leche ist fertig, wenn man, ähnlich einer Gelierprobe beim Marmeladekochen, ein wenig auf einen Teller gibt und die Masse fest wird.

Noch warm in ein sauberes Schraubglas geben, verschließen und abkühlen lassen. Im Kühlschrank aufbewahren.

Böden:

Eier, Honig und Salz auf höchster Stufe für 5 Min. schaumig schlagen. Das Natron mit etwas Wasser auflösen und mit dem Essig zu der Eimasse geben. Nach und nach das Mehl unterlaufen lassen. Dabei nicht vergessen immer wieder den Rand sauber zu kratzen.

Der Teig ist leicht fließend.

Auf einem Backblech mit Backpapier den Teig in der für die Torte gewünschten Größe sehr dünn (max. 1–2 mm) aufstreichen. Das Backpapier sollte gerade so nicht mehr durchscheinen.

Im vorgeheizten Ofen bei 200 °C Umluft oder 210 °C Ober-/Unterhitze goldbraun ausbacken. Achtung, das geht schnell, nicht zu dunkel werden lassen.

Wenn nötig, einen Teller oder Ring einer Springform in der gewünschten Größe auf den fertigen, noch warmen Boden legen und den Rand mit einem scharfen Messer begradigen.

Den Teig so aufbrauchen.

Die fertigen Böden gestapelt unter feuchtem Küchentuch aufbewahren. Aufpassen, sie trocknen schnell aus.

Die abgeschnittenen Reste mit den Walnüssen kurz anrösten, fein mahlen oder wahlweise klein hacken.

Füllung:

Beide Zutaten gut vermischen.

Fertigstellung der Torte:

Eine Tortenplatte so mit Backpapierstreifen belegen, dass die Tortenböden am Rand unterlegt sind, wenn die Torte später außen eingestrichen und bestreut wird.

Etwas Creme für das Einstreichen der Außenseite reservieren.

Einen Boden auf die Platte legen. Mit einem Pinsel den Läuterzucker dünn auf dem Boden verteilen und die Cremefüllung nicht zu dick aufstreichen. Diesen Vorgang wiederholen, bis man mit dem letzten Boden abschließt.

Die Torte mit der restlichen Creme einstreichen, rundum mit der Brösel-Nussmischung bestreuen und die Backpapierstreifen vorsichtig unter der Torte wegziehen.

Vor dem Servieren mindestens 8 Std. oder besser über Nacht kaltstellen.

Böden:

Teig:
200 g Ei
360 g Honig
6 g Salz
14 g Natron oder 1 Packung Backpulver
8 g Essig
400 g Dr. Schär Mix Kuchen & Kekse

außerdem:

Eine Handvoll (oder mehr) Walnüsse

Füllung:

1 kg saure Sahne, Schmand oder Crème Fraîche
400 g Dulce de Leche (gezuckerte, karamellisierte Kondensmilch)

Nachgebacken von
Diana Armstrong

Nachgebacken von
Andrea Fuchs

Apfelstrudel

Teig:

290 g Wasser, kalt
40 g Eigelb
10 g Tafelessig
560 g Dr. Schär Mix Brot
30 g Maisstärke
2 g Salz
30 g Butter, weich
100 g Zucker

Füllung:

8–10 Äpfel (1 kg nach dem Schälen und Schneiden)
60 g Nüsse, gerieben
60 g Zucker
3 g Zimtpulver
30 g Sultaninen
30 g Pinienkerne
20 g Rum

Zum Abstreichen:

1 Ei und 50 g Milch mit einer Prise Salz verrühren

Ergibt 2 kleine oder 1 großen Strudel

Herstellungszeit: 45 Min.
Backzeit: ca. 30 Min. je nach Größe

Als Erstes die flüssigen Teigzutaten in die Rührschüssel geben, anschließend die übrigen Zutaten dazugeben.

Den Teig anfangs langsam kneten, bis alle Zutaten vermischt sind, und dann auf Stufe 2 zu einem homogenen Teig verarbeiten. Das kann etwas länger dauern. (Die Knetstärke und -Dauer richtet sich, wie immer, nach der verwendeten Küchenmaschine!)

Den Teig zu einer Kugel formen und gegen Austrocknen gut abdecken.

Für die Füllung die Äpfel schälen, entkernen, achteln und in feine Scheiben schneiden. Mit den weiteren Füllungszutaten mischen und bereitstellen.

Die Teigkugel nun zu einer Stange von ca. 20 cm Länge rollen und zwischen Backpapier auf 40 x 50 cm Größe und max. 1 mm Dicke ausrollen.

Die Ränder mit Eistreiche abstreichen und die Füllung gleichmäßig auf dem Teig verteilen. Dabei ca. 2 cm an allen Teigrändern freilassen.

Diese Seiten einklappen und dann den Strudel mit Hilfe des Backpapiers aufrollen. Darauf achten, dass der Teig nicht am Backpapier kleben bleibt.

Den Strudel auf ein Backblech mit Backpapier legen und mit der Eistreiche komplett bepinseln.

Im auf 200 °C Umluft bzw. 210 °C Ober-/Unterhitze vorgeheizten Ofen für ca. 30 Min. backen.

Nach dem Backen noch warm mit Puderzucker abstauben.

Tipp:

Werden zwei kleine Strudel gewünscht, zwei Teigportionen à 260 g abwiegen und zu Kugeln formen. Abdecken gegen Austrocknen. Die Füllung vorbereiten. Die Kugeln auf eine Größe von 40 x 25 cm ausrollen, jeweils die halbe Füllmenge verteilen und wie oben beschrieben fortfahren. Die Backzeit reduziert sich um max. 5 Min.

Maulwurfkuchen

Boden:

140 g Butter, weich
140 g Zucker
200 g Ei
7 g Vanillezucker
140 g Milch
300 g Dr. Schär Mix Kuchen & Kekse
15 g Backpulver
60 g Zartbitter-Schokoraspel
20 g Backkakao
60 g Milch

Fertigstellung:

4 Bananen
600 g Sahne/Schlagobers
2 Pck. Sahnesteif
10 g Vanillezucker
50 g Zartbitter-Schokoraspel

Form mit 26 cm ∅

Herstellzeit Biskuit: 1 Std. (am besten am Vortag)
Backzeit Biskuit: 30–40 Min., je nach Ofen und Größe des Bodens
Herstellzeit Kuchen: 45 Min.

Boden:

Den Ofen auf 180 °C Umluft oder 190 °C Ober-/Unterhitze vorheizen.

Die weiche Butter mit Zucker und Vanillezucker schaumig schlagen. Die Eier nach und nach unterrühren.

Mehl, Schokoraspel und Backpulver vermischen und sieben, mit 140 g Milch abwechselnd in drei Schüben unter die Buttermasse rühren.

Kakaopulver mit 60 g Milch anrühren, ebenfalls unter die Masse rühren.

Die Springform dünn fetten und den Teig einfüllen.

Den Kuchen in den Ofen geben und ca. 30–40 Min. backen, anschließend vollständig auskühlen lassen.

Fertigstellung der Torte:

Den ausgekühlten (!) Boden mit einem Löffel ca 1 cm tief aushöhlen, dabei aber einen Rand von ca. 2 cm stehen lassen. Die dabei entnommenen Teigstücke in einer Schüssel sammeln und zerbröseln.

Die Sahne mit dem Vanillezucker aufschlagen. Kurz bevor sie steif genug ist, die 2 Päckchen Sahnesteif dazugeben und zu Ende schlagen lassen. Zum Schluss die Schokoraspel vorsichtig unterlaufen lassen.

Die geschälten Bananen der Länge nach halbieren und den Tortenboden damit belegen.

Die Sahne so darauf verteilen, dass eine Kuppel entsteht.

Mit den Händen die Brösel des Bodens auf der Sahne verteilen und leicht andrücken.

Nun den Kuchen kalt stellen, bis er benötigt wird.

Nachgebacken von Gina Mehnert

Nachgebacken von
Claudia Kücher

Nachgebacken von
Ivonne Bäcker-Wessel

Schokokuss-torte

Biskuitboden:

300 g Ei
150 g Zucker
10 g Vanillezucker
90 g Dr. Schär Mix Kuchen & Kekse
75 g Maisstärke
3 g Salz
Etwas Zitronenaroma
Etwas Vanillearoma

Baiser:

100 g Eiklar
100 g Zucker
100 g Puderzucker, gesiebt
1 EL Zitronensaft
1 Prise Salz

Form mit 26 cm ∅

Herstellzeit Biskuit: 1 Std. (am besten am Vortag)
Backzeit Biskuit: 20–30 Min., je nach Ofen und Größe des Bodens
Herstellzeit Kuchen: 45 Min.

Nachgebacken von Nadine Pröll

Biskuitboden:

Mix Kuchen & Kekse und Maisstärke miteinander vermischen und sieben.

Die Eier mit dem Zucker vermischen. Aromen, Salz und Vanillezucker dazugeben und dann so lange aufschlagen, bis eine sämige, aber stabile Masse entstanden ist. Als Test mit dem Finger in die Masse dippen, dann sollte sich eine Spitze aus Masse am Finger bilden. Dann den Finger nach oben halten und die Spitze sollte nicht weglaufen.

Den Ofen auf 160 °C Umluft oder 170 °C Ober-/Unterhitze vorheizen.

Nun die Mehl-Stärke-Mischung vorsichtig von Hand mit einem Schneebesen unterheben und in eine ggf. gefettete, runde Kuchenform geben.

Auf mittlerer Schiene ca. 20–30 Min. backen. Abhängig vom Ofen und der Größe des Tortenbodens.

Nach dem Backen auf dem Kopf im Ring auf einem Kuchengitter mit Tuch auskühlen lassen.

Fertigstellung Torte:

300 g Baiser
100 g Schokoraspel
250 g Quark (egal welcher Fettgehalt)
500 g Schlagsahne
½ Päckchen Sahnesteif
½ Biskuitboden (Die andere Hälfte kann man sehr gut einfrieren.)

Nachgebacken von Daniela Longo

Baiser & Fertigstellung der Torte:

Zuerst das Eiklar in einer fettfreien Schüssel mit dem Zucker und der Prise Salz schaumig und sehr stabil schlagen. Kurz vor Ende 1 EL Zitronensaft unterlaufen lassen und fertig aufschlagen. Im Eiweiß dürfen sich keine Eigelbreste befinden, da die Masse sonst nicht fest wird.

Anschließend die Sahne mit dem Sahnesteif aufschlagen. Die Biskuitbodenhälfte nochmals halbieren und den unteren Teil in eine Springform legen.

Das Baiser mit dem Quark und den Schokoraspeln vermischen und die geschlagene Sahne unterheben.

Nun 1/3 der Masse auf dem Boden in der Form gleichmäßig verteilen und dann die andere Hälfte des Bodens drauflegen. Nun die restliche Masse auf dem Boden verteilen, dabei etwas für den Rand der Torte zurückbehalten.

Nun den Ring der Springform entfernen und mit der restlichen Füllung den Rand außen einstreichen.

Dekoration nach Wunsch.

Rüblikuchen/ Möhrenkuchen

450 g Möhren
1 TL geriebene Orangenschale oder Zitronenschale
200 g Mandeln gemahlen
200 g Haselnüsse gemahlen
60 g Dr. Schär Mix Kuchen & Kekse
300 g Ei
3 g Salz
250 g Roh- oder Kristallzucker
15 g Zitronen- oder Orangensaft
50 g Öl
10 g Backpulver
1 Päckchen Vanillezucker

für die Glasur:

210 g Puderzucker gesiebt
40 g Zitronensaft

Form mit 26 cm Ø

Herstellungszeit: 45 Min.
Backzeit: ca. 50 Min.

Den Ofen vorheizen und die Form ausfetten, sowie mit Semmelbröseln oder Mix Kuchen & Kekse ausstreuen.

Die Möhren waschen, schälen und fein raspeln. Möhrenraspel, gemahlene Mandeln und Haselnüsse, Mix Kuchen & Kekse sowie Backpulver in eine Schüssel geben. Am besten in folgender Reihenfolge, damit das Backpulver nicht aktiviert wird: Möhren, Nüsse, Mandeln, Mehl und dann Backpulver.

Die Eier trennen. Die Eiweiße mit einer Prise Salz und der Hälfte vom Zucker steif schlagen. Eigelbe mit dem Zucker und Vanillezucker schaumig schlagen. Orangensaft, Orangenschale (oder wahlweise Zitrone) und Öl langsam unter das schaumige Eigelb laufen lassen. Das schaumige Eigelbgemisch dann in eine große Schüssel geben und den Eischnee vorsichtig unterheben, sodass die Masse noch luftig bleibt. Die restlichen Zutaten dann vermischen und vorsichtig unter die Eimasse heben.

Den Teig in die Springform geben. Bei 170 Grad Umluft oder 180 °C Ober-/Unterhitze etwa 50 Min. backen.

Den Möhrenkuchen abkühlen lassen und nach Belieben verzieren. Ihr könnt ihn mit einer (vielleicht sogar grünen) Marzipandecke bedecken oder mit Zitronenguss überziehen oder ein Frischkäse-Topping auftragen.

Zucchinikuchen

450 g Zucchini, fein geraspelt und ausgedrückt
200 g Mandeln, gemahlen
200 g Walnüsse, gemahlen
60 g Dr. Schär Mix Kuchen & Kekse
300 g Ei
3 g Salz
250 g Roh- oder Kristallzucker
1 Vanillezucker
15 g Zitronensaft
1 TL Zitronenschale
50 g Öl
10 g Backpulver

Ein Schokoglasur-Rezept gibt's auf meiner Website.

Form mit 26 cm Ø

Herstellungszeit: 45 Min.
Backzeit: ca. 50 Min.

Die gewaschenen Zucchini fein raspeln und nach 5 Minuten richtig ausdrücken.

Den Ofen auf 170 °C Umluft oder 180 °C Ober-/Unterhitze vorheizen; die Form ausfetten und mit Semmelbröseln oder Mix Kuchen & Kekse ausstreuen. Überschüssiges abklopfen.

Die Zucchiniraspel, Walnüsse, Mandeln, Mehl und das Backpulver in dieser Reihenfolge in eine Schüssel geben, damit das Backpulver nicht frühzeitig aktiviert wird.

Die Eier trennen. Das Eiweiß mit einer Prise Salz und der Hälfte vom Zucker steif schlagen.

Die Eigelbe mit dem Zucker und Vanillezucker schaumig schlagen. Zitronensaft, Zitronenschale und Öl langsam unter die Masse laufen lassen.

Das schaumige Eigelbgemisch in eine große Schüssel geben und den Eischnee vorsichtig unterheben, sodass die Masse noch luftig bleibt.

Die restlichen Zutaten nun vermischen und ebenfalls vorsichtig unter die Eimasse heben.

Den Teig in die Form geben und etwa 50 Min. backen.

Nach dem Abkühlen dünn mit der Schokoglasur überziehen.

Snacks und deftige Gebäcke

Käse-mürbeteig

230 g Dr. Schär Mix Kuchen & Kekse
3 g Backpulver
180 g kalte Butter, gewürfelt
180 g Schweizer Käse, gerieben
40 g Sauerrahm
30 g Eigelb
3 g Salz
3 g Paprikapulver
2 g Muskat
4 g gf Worcestersauce
Mohn, Sesam, Kümmel, Sonnenblumenkerne und/oder Pinienkerne zum Bestreuen
200 g Schweizer Käse, gerieben, zum Bestreuen
1 Ei und etwas Milch mit einer Prise Salz verquirlt

Herstellungszeit: 45 Min.
Backzeit: ca. 12 Min.

Mix Kuchen & Kekse, Backpulver, Butter, 180 g geriebenen Käse, Sauerrahm, Eigelb und Salz zusammen in die Rührschüssel geben. Paprikapulver, Muskat und Worcestersauce dazugeben und einen homogenen Mürbeteig herstellen. Bitte nicht zu lange kneten, sonst geht die Bindung verloren. Den Käsemürbeteig gut einpacken und im Kühlschrank 30 Min. ruhen lassen. Im Anschluss den Ofen auf 190 °C Umluft bzw. 200 °C Ober-/Unterhitze vorheizen.

Die 200 g geriebenen Käse zum Bestreuen mit weiterem Paprikapulver gut würzen, sodass der Käse nach Paprika schmeckt. Nach der Ruhezeit den Mürbeteig auf max. 5 mm Dicke ausrollen, mit verschiedenen Formen ausstechen und jedes Teil einzeln mit der Ei-Milch-Mischung abstreichen und etwas Paprika-Käse aufstreuen.

Alternativ können Formen geschnitten werden. Dazu zunächst die gesamte Teigplatte mit der Ei-Milch-Mischung abstreichen, mit dem Paprika-Käse bestreuen und dann in Formen, z. B. Vierecke oder Rauten, schneiden. Alle Käsegebäck-Rohlinge auf ein Backblech mit Backpapier setzen. Man kann nun zusätzlich mit Mohn, Sesam, Kümmel, Sonnenblumenkernen oder Pinienkernen die Gebäcke veredeln und geschmacklich variieren.

Im vorgeheizten Ofen 12 Min. backen und dabei darauf achten, dass die Gebäcke nicht zu dunkel werden, da sonst der Käse bitter wird.

Die Backzeit variiert je nach Größe der Gebäcke.

Käse-mürbeteig englischer Art

300 g Dr. Schär Mix Kuchen & Kekse
200 g Butter
100 g Schweizer Käse, gerieben
50 g Ei
3 g Salz
3 g Pfeffer
3 g Muskat
Mohn, Sesam, Kümmel, Sonnenblumenkerne und/oder Pinienkerne zum Bestreuen
200 g Schweizer Käse, gerieben, zum Bestreuen
1 Ei und etwas Milch mit einer Prise Salz verquirlt

Herstellungszeit: 45 Min.
Backzeit: ca. 12 Min.

Mix Kuchen & Kekse, Butter, 100 g geriebenen Käse, Ei, Salz, Pfeffer und Muskat zusammen in die Rührschüssel geben und einen homogenen Mürbeteig herstellen. Bitte nicht zu lange kneten, sonst geht die Bindung verloren.

Den Käsemürbeteig gut einpacken und im Kühlschrank mind. 30 Min. ruhen lassen.

Im Anschluss den Ofen auf 180 °C Umluft bzw. 190 °C Ober-/Unterhitze vorheizen.

Nach der Ruhezeit den Käsemürbeteig auf 1 cm Dicke ausrollen, mit verschiedenen Formen ausstechen, jedes Teil einzeln mit der Ei-Milch-Mischung abstreichen und etwas Käse aufstreuen.

Alternativ können Formen geschnitten werden. Dazu zunächst die gesamte Teigplatte mit der Ei-Milch-Mischung abstreichen, mit dem Käse bestreuen und dann in Formen, z. B. Vierecke oder Rauten, schneiden.

Die Käsegebäck-Rohlinge nun auf ein Backblech mit Backpapier setzen. Sie können noch mit Mohn, Sesam, Kümmel, Sonnenblumenkernen oder Pinienkernen veredelt und geschmacklich variiert werden.

Im vorgeheizten Ofen für 18 Min. backen. Dabei bitte darauf achten, dass die Gebäcke nicht zu dunkel werden, da sonst der Käse bitter wird.

Die Backzeit variiert ggf. je nach Größe der Gebäcke.

Knusper-stangen

Reibeteig
500 g Dr. Schär Mix Brot
175 g Wasser, kalt
235 g Butter oder Margarine, kalt
50 g Ei
4 g Hefe (trocken oder frisch)
6 g Salz

Zum Bestreuen: Speck-Variante
ca. 250 g gewürfelter Speck
400 g geriebener Käse
200 g gf Röstzwiebeln
Nach Wunsch ca. 100 g Sesam

Zum Bestreuen: Vegetarische Variante
400 g Kürbiskerne
Paprikapulver
400 g geriebener Käse
200 g Sesam

Für 2 Backbleche

Herstellungszeit: 1 Std. 45 Min.
Backzeit: ca. 25–30 Min.

Alle Zutaten in die Rührschüssel geben und zu einem Teig verkneten, bis keine Butterstücke mehr sichtbar sind.

Den Teig am besten eingepackt über Nacht im Kühlschrank ruhen lassen, so lässt er sich besser ausrollen und weiterverarbeiten. Die Mindestruhezeit beträgt 1 Std.

Für meine Knusperstangen gebe ich Kräuter nach Wunsch in den Teig, für deren vegetarische Variante noch zusätzlich 10–15 g Tomatenmark.

Nachdem der Teig mind. 1 Std. im Kühlschrank gelagert wurde, kann er rechteckig auf max. 3 mm Dicke ausgerollt werden. Bitte den Tisch vorher etwas mehlen, damit er nicht festklebt.

Nun den Teig mit Wasser dünn abstreichen und die untere Hälfte wie unten beschrieben bestreuen.

Beispiel Knusperstangen mit Speck:
Den Ofen auf 210 °C Umluft bzw. 220 °C Ober-/Unterhitze vorheizen, dabei eine leere, feuerfeste (Metall-)Form auf dem Boden des Ofens miterhitzen.

Erst den gewürfelten Speck aufstreuen, dann Röstzwiebeln und zum Schluss den geriebenen Käse (etwas Käse zurückbehalten, damit auch außen Käse aufgestreut werden kann). Die Reihenfolge des Aufstreuens sorgt dafür, dass der Käse beim Schmelzen die anderen Zutaten zusammenhält.

Nun die obere Teighälfte auf die untere, bestreute Hälfte klappen und leicht andrücken. Die Oberfläche mit etwas Wasser dünn bestreichen und mit Käse bestreuen, anschließend den Sesam nach Wunsch locker darüber verteilen. Den aufgestreuten Käse und Sesam ebenfalls leicht andrücken.

Den Teig in Streifen gewünschter Breite schneiden, einzeln verdrehen und auf ein Backblech mit Papier geben.

Das Blech in den vorgeheizten Ofen geben und ca. 100 ml Wasser in die feuerfeste Form schütten. Den Ofen sofort schließen.

Backzeit ca. 25–30 Min, je nach gewünschtem Bräunungsgrad.

Beispiel Knusperstangen vegetarisch:
Den Ofen auf 210 °C Umluft bzw. 220 °C Ober-/Unterhitze vorheizen, dabei eine leere, feuerfeste (Metall-)Form auf dem Boden des Ofens miterhitzen.

Den geriebenen Käse nach Belieben mit Paprikapulver würzen.

Zunächst die Kürbiskerne nicht zu dicht aufstreuen, danach den Sesam und den geriebenen Käse (von Käse und Sesam etwas zurückbehalten für das Bestreuen der Außenseite). Die Streu-Reihenfolge sorgt dafür, dass der Käse beim Schmelzen im Ofen die anderen Zutaten festhält.

Nun die obere Teighälfte auf die untere bestreute Hälfte umklappen und leicht andrücken. Die Oberfläche mit etwas Wasser dünn bestreichen, mit Käse bestreuen und anschließend den Sesam nach Wunsch locker darüber verteilen.

Käse und Sesam leicht andrücken, Streifen in gewünschter Breite schneiden, einzeln verdrehen und auf ein Backblech mit Papier geben.

Die Stangen in den vorgeheizten Ofen geben und ca. 100 ml Wasser in die feuerfeste Form schütten, den Ofen sofort schließen.

Backzeit ca. 25–30 Min, je nach gewünschtem Bräunungsgrad.

Käsekräcker

100 ml Wasser
40 g Butter, flüssig
160 g Mix It Universal neu
60 g Parmesan, gerieben
5 g Backpulver
2 TL Kräuter der Provence
50 g Ei
4 g Salz

Herstellungszeit: 1 Std. 15 Min.
Backzeit: ca. 1–2 Min. pro Kräcker

Hinweis:
Bitte die Wartezeiten beachten.

Das Wasser leicht erwärmen und die zerlassene Butter unterrühren.

Das Mehl mit Parmesan, Backpulver und den Kräutern vermischen.

Das Ei mit dem Salz verquirlen. Abwechselnd langsam die Butter-Wasser-Mischung und die Mehl-Mischung unterrühren.

Anschließend den Teig mindestens 1 Std. quellen lassen.

Im Anschluss das Eis-Waffeleisen vorheizen.

Den Teig nochmals gut durchmischen.

Je nach Größe des Waffeleisens 4–5 Kräcker auf einmal à 1 TL Teig in ca. 1 Min. goldbraun backen. Die Kräcker herausnehmen und auskühlen lassen

Die Kräcker in einer verschließbaren Box aufbewahren, dann bleiben sie knusprig.

Vegane Kräcker

50 g Hanfsamen
30 g Leinsamen
10 g Chiasamen
10 g Sesam
25 g Sonnenblumenkerne
140 ml Wasser, warm
10 g Olivenöl
10 g Tomatenmark
15 g gf Buchweizen- oder Leinsaatmehl
20 g Reismehl
3 g Backnatron
2 g Pfeffer (je nach Vorliebe auch mehr oder weniger)
3 g Salz
3 g Oregano

Herstellungszeit: 1 Std. 15 Min.
Backzeit Ofen: 20–25 Min.
Backzeit im Waffeleisen: 2–4 Min.

Hinweis:
Bitte die Wartezeiten beachten.

Hanf-, Lein- und Chiasamen, Sesam sowie Sonnenblumenkerne in eine Schüssel geben und mit dem Wasser für 20 Min. einweichen.

Den Ofen auf 165 °C Umluft oder 175 °C Ober-/Unterhitze vorheizen.

Alle anderen Zutaten zu den eingeweichten Saaten geben und zu einem festen, leicht feuchten Teig verkneten. Sollte der Teig zu fest sein, ggf. etwas Wasser hinzufügen.

Mit einem feuchten Löffel kleine Häufchen auf ein Backblech mit Backpapier setzen und mit einer feuchten Gabel flach drücken. Anschließend mit Wasser abstreichen.

Die Kräcker auf mittlerer Schiene ca. 20–25 Min. knusprig ausbacken. Bitte aufpassen, dass sie nicht verbrennen, da sie so dünn sind.

Party-Laugenbrezel

500 g Dr. Schär Mix Brot
8 g Salz
420 g Wasser 30 °C
50 g Schmalz oder Butter
10 g Trockenhefe oder 21 g Frischhefe
Grobes Salz zum Bestreuen (oder Sesam oder oder oder …)

Herstellungszeit Brezel: 1 Std. 30 Min.
Backzeit Brezel: 40–50 Min.
Herstellungszeit Party-Brezel: 30 Min.

Salz, Schmalz und Wasser zuerst in den Kessel geben, dann Mehl einwiegen und Hefe auf das Mehl wiegen.

30 Sek. bei langsamer Geschwindigkeit vermischen lassen und dann 5 Min. bei mittlerer Geschwindigkeit kneten. Es ist am Anfang sehr wichtig, den Rand des Kessels sauber zu kratzen, damit alle Zutaten auch in den Teig kommen.

Nach dem Knetvorgang den Kessel mit einem feuchten Tuch abdecken und 30 Min. an einem warmen Ort (ca. 24 °C) stehen lassen. Der Teig ist nach dem Kneten sehr weich, zieht aber während der Ruhephase noch nach.

Den Ofen aufheizen auf 200 °C Umluft (210 °C Ober-/Unterhitze)

Nach der Teigruhe den ganzen Teig zu einer Kugel formen.

Die große Kugel zu einem langen Strang rollen, aber darauf achten, dass die Mitte des Strangs dick ist und zum Ende hin immer dünner wird. Aber Achtung: Den Strang auch an den Enden nicht zu dünn halten, denn die Brezel wird ja noch belegt.

Aus diesem Strang dann die Brezel formen.

Die Brezel auf ein Backblech mit Backpapier legen und 30–40 Min. garen (gehen) lassen.

ORIGINAL DENIM WEAR
Heritage
1975

Währenddessen die Lauge vorbereiten:

VORSICHT: Chemikalie! Siehe auch Warenkunde S. 25.

Zum Laugen für richtige Brezeln wird kein Kaiser- oder Haushaltsnatron, sondern richtige Natronlauge 4–6%ig verwendet. Kaisernatron gibt eine ähnliche Farbe, aber nicht den Geschmack! Chemisch ist Natronlauge: NaOH. Das bekommt man entweder fertig als Lösung beim Apotheker, Bäcker oder im Fachversand, oder man kauft in der Apotheke NaOH-Plätzchen. 4%ig heißt, 4g Plätzchen auf 100ml Wasser. Die richtige Natronlauge muss kalt angewendet werden! Die Plätzchen und fertige Lauge (kann man öfters verwenden, dunkel aufbewahren, Gläser dafür gibt's in der Apotheke) bitte unbedingt absolut Kinder- und Verwechslungssicher aufbewahren! Die Plätzchen und die Lauge sollten nicht mit Haut, Augen oder Holzarbeitsgeräten/Arbeitsplatten in Kontakt kommen. Verwendetes Geschirr gut abspülen. Verwendete Lauge mit viel Wasser in den Ausguss oder die Toilette kippen (laut Apothekerin meines Vertrauens).

Die Lauge am Besten in einer Glas- oder Metallschüssel verwenden!

Nach der Gare die Brezel mit der Lauge dünn abpinseln. Diesen Vorgang noch 3x wiederholen.

Wenn gewünscht die Brezel dann mit grobem Salz, Mohn, Sesam, Sonnenblumenkerne, Kürbiskerne usw. bestreuen.

Die Brezel in den vorgeheizten Ofen schieben (Achtung: kein Wasserdampf!) und für 40–50 Min. backen, je nach Farbe. Auch hier mit einem Holzstäbchen erst testen, ob es durchgebacken ist.

Nach dem Backen die Brezel komplett auskühlen lassen.

Dann zum Belegen aufschneiden und mit Butter oder z. B. Frischkäse bestreichen und nach Wunsch belegen.

Auf einem schönen Tablett den Gästen mit einem Messer hingestellt, dann können sie sich die Sache so schneiden wie sie möchten.

Gut zum Belegen passt z. B.: Salami, Schinken roh oder gekocht, Käse, Lachs und so viel mehr ...

Partybrot gefüllt

Für eine 26er Springform:

500 g Dr. Schär Mix Brot
200 g Dr. Schär Mix It dunkel/rustico
Oder: 80 g gf Leinsaatmehl
80 g gf Buchweizenmehl
690 g Wasser (30 °C)
50 g Öl (z. B. Raps- oder Sonnenblumenöl)
15 g Salz
15 g Trockenhefe
oder 32 g Frischhefe
Optional: 8 g Kräuter der Provence oder Kräuter nach Wunsch

Für eine 20er Springform:

300 g Dr. Schär Mix Brot
100 g Dr. Schär Mix It dunkel/rustico
Oder: 55 g gf Leinsaatmehl
55 g gf Buchweizenmehl
390 g Wasser (30 °C)
40 g Öl (z. B. Raps- oder Sonnenblumenöl)
10 g Salz
10 g Trockenhefe
oder 18 g Frischhefe
Optional: 5 g Kräuter der Provence oder Kräuter nach Wunsch

Herstellungszeit Brot: ca. 2,5 Std.
Backzeit Brot 26 cm Ø: 60 Min.
Backzeit Brot 20 cm Ø: 45 Min.
Herstellungszeit Party-Brot: 1 Std.

Zunächst Wasser, Öl und Salz in die Rührschüssel geben, dann die trockenen Zutaten und zuletzt die Hefe hineingeben. Frischhefe einfach zerbröseln, sie muss nicht aufgelöst werden.

Alle Zutaten ca. 20 Sek. bei niedrigster Geschwindigkeit vermischen, dann bei mittlerer Stufe 5 Min. kneten lassen. Es ist am Anfang sehr wichtig, den Rand der Schüssel mit einem Teigschaber sauber zu kratzen, damit wirklich alle Zutaten in den Teig kommen.

Nach dem Knetvorgang die Schüssel mit einem feuchten Tuch abdecken und 45 Min. bei Raumtemperatur stehen lassen (Teigruhe).

Der Teig ist nach dem Kneten sehr weich, zieht aber während dieser Ruhephase noch nach, wird also fester.

Wenn ein Brot mit etwas kompakterer Krume und feinerer Porung gewünscht ist, einfach die Ruhephase auf die Hälfte verkürzen.

Eine Springform vorbereiten und dünn ölen. Es kann sonst passieren, dass das Brot anbrennt.

Nun den Teig auf einer leicht mit Mehl bestäubten Fläche zu einer Kugel formen und in die Mitte der Springform legen. Mit feuchten Händen die Kugel flachdrücken, so dass der Teig die ganze Fläche der Form ausfüllt. Wenn gewünscht, die Oberseite dünn mit Mehl bestreuen, das sorgt nach dem Backen für einen rustikalen Look.

Das Brot 25 Min. garen lassen. Währenddessen den Ofen auf 200 °C Umluft oder 210 °C Ober-/Unterhitze vorheizen, dabei ein leeres Metallgefäß oder altes Backblech auf dem Ofenboden mit aufheizen.

Nach der Gare das Partybrot mittig in den Ofen geben und gleichzeitig ca. 200 ml Wasser unten in die vorgeheizte Form gießen, damit viel Wasserdampf erzeugt wird.

Den Ofen sofort schließen und das Brot in der 26 cm Springform ca. 60 Min. oder 45 Min. in der 20 cm Springform backen.

Unmittelbar nach dem Backen das Brot aus der Form nehmen und auf einem Gitter auskühlen lassen.

Nachgebacken von
Corinne Huber-Rübeli

Fertigstellung:

Wenn das Brot ausgekühlt, ist folgende Schritte durchführen:

- Mit einem scharfen, großen Messer den Deckel des Brotes abschneiden.
- Dann mit einem kleinen, sehr scharfen Messer von oben an der Kruste entlang das Innere (die Krume) rundherum ablösen.
- Jetzt, mit dem selben kleinen Messer, von außen unten etwa 3–5 mm über dem Boden einen Einschnitt machen, der etwas breiter ist als das große Messer.
- Danach das große, scharfe Messer in diesen Schnitt schieben und bis zum gegenüberliegenden Rand (bis zur Kruste) durchdrücken. ABER ACHTUNG, nur bis kurz vor die Kruste. Halten sie die Hand dagegen, um den Druck des Messers rechtzeitig zu spüren.
- Nun die Klinge im Halbkreis mit Schneidbewegungen immer nur bis zur Innenseite der Kruste in die Richtung schneiden, in die die scharfe Seite zeigt. Der Ausgangspunkt des Messers, der Einschnitt in der Kruste, darf nicht verändert werden, da die Seite ja nicht abgeschnitten, sondern nur innen die Krume vom Boden gelöst werden soll.
- Dann das Messer rausziehen, umdrehen und dieselbe Vorgehensweise für die andere Seite durchführen.
- Jetzt die Krume entnehmen, indem man von oben innen an den Seiten der Kruste entlang mit den Fingern zum Boden geht und sie vorsichtig heraushebt.

Füllung Partybrot:

Belag nach Wahl: z. B. Salatgurke, Kirschtomaten, Sauce Tartar oder Remoulade, Butter, Salat (nach Geschmack), Essiggurken, Käse, roher oder gekochter Schinken, Salami, Leberwurst, Thunfisch, Lachs usw.

Die herausgeschnittene Krume wie einen Biskuitboden in 6 bzw. 8 nicht zu dünne Scheiben teilen.

Nun 3 bzw. 4 Scheiben mit Butter bestreichen und nach Wunsch und Vorliebe mit den Zutaten belegen. An den Rand sollte unbedingt noch eine Scheibe Gurke gelegt werden, da diese dem Brot Stabilität verleiht. Zum Schluss noch Sauce Tartar oder Remoulade über die ganze Oberfläche verteilen und mit einer Scheibe Brot bedecken.

Jetzt die gefüllten Brotscheiben je nach Brotgröße in 6–12 »Kuchenstücke« schneiden und gemischt in das leere Brot schichten.

Vor der letzten Schicht den Salat dekorativ auflegen und mit der letzten Lage fixieren.

Abschließend die Tomaten halbieren, auf der Oberfläche verteilen und mit dem Deckel abdecken.

Wenn man das Partybrot erst abends braucht, das Brot in Frischhaltefolie einwickeln und je nach Inhalt, an einen kühlen Ort oder in den Kühlschrank stellen.

Tipps:

Zum Brot können noch ein paar Dips extra dazu gereicht werden, um damit den Deckel und den Rand genießen zu können.

Aus diesem Rezept können auch Brötchen oder Baguette gefertigt werden.

Kochen

Kaffee-Espuma

2 ½ Blatt Gelatine, weiß
275 ml Espresso, kalt
75 g Zucker
50 ml Kaffeelikör o.ä.
125 ml Sahne

Für 4 Portionen

Herstellungszeit: 45 Min.
Kühlzeit: 6–12 Std.

Espuma (spanisch) = Schaum. Man versteht darunter eine mit Hilfe eines Sahnesyphons hergestellte Schaumspeise. Diese Technik stammt aus der sog. angewandten Molekularküche und wurde vom spanischen Starkoch Ferran Adrià entwickelt. Espuma verflüssigt sich relativ schnell wieder und ist nicht für lange Standzeiten geeignet.

Hinweis:
Bitte die Kühlzeit beachten!

Gelatine in kaltem Wasser einweichen.

Vom kalten Espresso 100 ml auf ca. 60 °C erhitzen und den Zucker sowie die ausgedrückte Gelatine darin auflösen. Den restlichen Espresso sowie den Kaffeelikör hinzugeben und abkühlen lassen.

Bevor der Kaffee anfängt zu gelieren, die flüssige Sahne unterrühren und alles in einen Sahnesyphon (0,5 l) einfüllen. Eine Sahnekapsel aufschrauben und kräftig schütteln.

Nun im Kühlschrank, je nachdem wie fest die Konsistenz gewünscht wird, für ca. 6–12 Std. kalt stellen (evtl. probehalber eine kleine Menge entnehmen, um die Konsistenz zu prüfen).

Vor dem Garnieren den Syphon einmal kräftig nach unten schütteln, um die Masse zum Kopf des Gerätes zu bringen.

Tipp:
Der Espuma lässt sich z. B. sehr dekorativ auf ein Glas Eierlikör garnieren. Er passt auch gut zu Milchspeiseeis mit frischen Früchten.

Baileys-Espuma

175 g Kuvertüre, weiß
100 g Ei
40 g Eigelb
250 ml Sahne/Schlagobers
50 ml Baileys

Für 4 Portionen

Herstellungszeit: 45 Min.
Kühlzeit: 6–12 Std.

Die Kuvertüre schmelzen und mit den Eiern und Dottern über Wasserdampf schaumig rühren.

Baileys und Sahne langsam untermischen und anschließend die Schaummasse durch ein feines Sieb passieren.

Die Masse in einen Sahnesyphon (für 0,5 l) füllen, eine Sahnekapsel aufschrauben und kräftig schütteln.

Den Syphon für mindestens 1 Std. im Kühlschrank kalt stellen.

Tipp:

Für mehr Baileys-Geschmack kann die Sahne um 50 g reduziert, die Menge Baileys entsprechend um 50 g erhöht werden.

Luftiger Backteig

Deftig:

250 g Sahne
90 g Eiklar
5 g Zucker
60 g Eigelb
5 g Salz
2 g Essig
140 g Dr. Schär Mix Brot
Pfeffer nach Wunsch
Andere Gewürze nach Wunsch

Süß:

250 g Sahne
90 g Eiklar
40 g Zucker
60 g Eigelb
2 g Salz
2 g Essig
140 g Dr. Schär Mix Brot
10 g Vanillezucker

Herstellungszeit: 20 Min.

Die Sahne schlagen und das Eiklar mit Zucker und Salz zu Eischnee aufschlagen.

Die geschlagene Sahne mit dem Eigelb, Essig und Mehl verrühren, den Eischnee anschließend unterziehen. Darauf achten, dass die Masse glatt wird und keine Eiweißklumpen enthält.

Eignet sich sehr gut zum Ausbacken verschiedenster Lebensmittel wie z. B. Fisch, Fleisch, Obst und Gemüse.

Nachgemacht von Felicitas Spatzeck

Grundrezept

Hefefreier Pizzateig

400 g Dr. Schär Mix Brot
100 g Quark (jede Sorte)
240 g Wasser (ca. 28 °C)
32 g Olivenöl
7 g Salz
16 g Backpulver

Ergibt 1 Backblech oder 2 runde Pizzableche

Herstellungszeit: 30 Min.
Backzeit: 10–20 Min., je nach Ofen

Bevor man den Teig macht, muss alles für den Belag der Pizza vorbereitet werde, da in diesem Pizzateig Backpulver verarbeitet wird. Zügiges Arbeiten ist hier besonders wichtig.

Hinweis:
Bitte den Teig nicht zu dünn ausrollen, denn Backpulverteig geht nicht ganz so auf wie ein Pizzateig mit Hefe.

Den Ofen auf mindestens 240–250 °C Ober-/Unterhitze vorheizen. Wasserdampf ist hier nicht nötig.

Zunächst Wasser, Salz, Quark und Öl in die Rührschüssel geben, dann das Mehl einwiegen und eine kleine Mulde machen, in die das Backpulver gegeben wird. So verhindert man, dass das Backpulver zu früh mit dem Wasser in Berührung kommt und bereits aktiviert wird.

30 Sek. bei langsamer Geschwindigkeit vermischen und dann 3 Min. bei mittlerer Geschwindigkeit kneten. Es ist am Anfang sehr wichtig, den Rand der Schüssel sauber zu kratzen, damit alle Zutaten in den Teig kommen. Der Teig sollte homogen und glatt sein.

Den Teig direkt und zügig ausrollen. Das Backblech dünn mit Öl bestreichen, damit der Teig nicht anklebt und auch von unten knusprig backen kann. Kein Backpapier verwenden, da dieses zu sehr isoliert und die Pizza nicht durchbacken kann.

Den ausgerollten Teig auf das Backblech legen und in die endgültige Form bringen.

Dann den Pizzateig nach Wunsch belegen und direkt in den das untere Drittel des Ofens geben, damit der Teig genügend Hitze von unten bekommt und schön locker und knusprig wird.

Backzeit ca. 10–20 Min., je nach Temperatur des Ofens. Die Pizza ist fertig, wenn der Käse anfängt zu bräunen.

Grundrezept

Dunkler Pizzateig

275 g lauwarmes Wasser (ca. 28 °C)
50 g Olivenöl oder anderes Öl
5 g Salz
250 g Dr. Schär Mix It dunkel/rustico
21 g Frischhefe oder 1 Päckchen Trockenhefe

Ergibt 1 Backblech oder 2 runde Pizzableche

Herstellungszeit: ca. 2 Std.
Backzeit: 10–20 Min., je nach Ofen

Hinweise:

Dieser Teig kann bis zu 12 Stunden vor der Verarbeitung im Kühlschrank ruhen. Vor dem Ausrollen dann aber auf Zimmertemperatur bringen, sonst bricht er beim Verarbeiten. Nicht mehr kneten!

Soll der Teig am Vortag zubereitet werden, bitte nur die Hälfte der Hefemenge nehmen und mit kaltem Wasser arbeiten. Den Teig dann über Nacht gut eingepackt im Kühlschrank lagern.

Bei langer Teigführung muss der Teig vor dem Belegen wenigsten 30 Min. Gare bekommen.

Den Ofen auf mind. 230 °C Umluft oder 240 °C Ober-/Unterhitze aufheizen.

Die Zutaten in der angegebenen Reihenfolge in die Rührschüssel geben. Zunächst 30 Sek. auf langsamster Stufe mischen und dann 3–5 Min. auf mittlerer Stufe kneten lassen. Bitte am Anfang mit einem Schaber den Rand der Schüssel sauber kratzen, sodass alle Zutaten im Teig ankommen. Der Teig ist fertig, wenn er homogen und nur leicht klebrig ist.

Nach dem Ende der Knetzeit die Rührschüssel mit einem feuchten Tuch abdecken und 45 Min. ruhen lassen.

Anschließend den Teig auf einem Tisch kurz durchkneten, in der gewünschten Dicke ausrollen und auf das dünn mit Olivenöl gefettete Backblech legen. Bitte kein Backpapier verwenden! Sonst bäckt der Teig u. U. nicht durch.

Je dünner der Teig ausgerollt wird, desto knuspriger wird er.

Bitte nicht zu viel Tomatensoße aufstreichen, sonst ertrinkt der Teig und wird matschig. Dann dem Teig ca. 15 Min. Gare geben, und die Pizza dann nach Wunsch belegen und sofort in den aufgeheizten Ofen geben.

Tipps:

Wenn man ihn auf ca. 1 cm Dicke ausrollt und den Rand etwas frei lässt, wird es eine tolle American Style Pizza mit schön knusprigem Rand. Wenn gewünscht, kann man in den Rand auch Käse einrollen.

Sollen mit dem Teig gefüllte Pizzabrötchen gemacht werden, bitte den Teig mit 20 °C kaltem Wasser herstellen und 10 Min. länger ruhen lassen. Nach dem Füllen der Brötchen weitere 20 Min. garen lassen. Das kältere Wasser und die längere Ruhe geben dem Teig Stabilität, sodass er besser gefüllt werden kann. Die Zutaten für die Füllung müssen unbedingt Raumtemperatur haben, sonst wird der Teig um die Füllung herum zu fest.

Soll der Pizzateig eingefroren werden, so muss der Teig als Kugel gut eingepackt werden. Bitte langsam im Kühlschrank auftauen lassen. Alternativ kann die Pizza fertig belegt auf Backpapier eingefroren und noch gefroren aufgebacken werden. Oder der Teigrohling kann 10 Min. bei 210° Umluft (220 °C O/U) angebacken und dann eingefroren werden. Später einfach belegen und fertig backen.

Der Teig eignet sich außerdem für Stockbrot, Panzerottis oder Empanadas (mit einer 15-Min.-Gare nach dem Befüllen).

Burek/Börek

3 Sorten

Filoteig:
260 g Dr. Schär Mix Brot
80 g Maisstärke
5 g Salz
220–240 g Wasser
10 g Tafelessig
20 g Olivenöl

Kartoffelfüllung:
4 gekochte große Kartoffeln
1 mittlere Zwiebel
20 g Tomatenmark
5 g Rosenpaprika
1 g scharfe Paprika
Salz nach Wunsch
Öl zum Braten

Ergibt 6 bis 8 Stück, je nach Größe

Herstellungszeit Teig: 20 Min.
Teigruhezeit: mind. 2 Std., besser über Nacht
Herstellungszeit Füllungen: je nach Füllung bis zu 30 Min.
Herstellungszeit Burek/Börek: 30 Min.
Backzeit Burek/Börek: 25–35 Min., je nach Ofen

Hinweis:
Unbedingt die Wartezeiten beachten!

Filoteig:
Alle Zutaten in die Rührschüssel der Küchenmaschine geben. Zunächst mit dem Knethaken für 30 Sek. auf der langsamsten Stufe vermischen, danach für 4 Min. auf mittlerer Stufe kneten. Während des Knetens immer wieder festklebenden Teig vom Schüsselrand nach unten kratzen.

Nach dem Kneten soll sich der Teig formbar und leicht klebrig anfühlen.

In Frischhaltefolie einpacken und über Nacht im Kühlschrank lagern; durch die Wartezeit quillt er nach und lässt sich dann besonders dünn rollen.

Am nächsten Tag beim Ausrollen recht viel Reismehl verwenden, nur so kann der Teig dünn genug (< 1 mm) ausgerollt werden.

Kartoffelfüllung:
Zuerst die klein gewürfelte Zwiebel in einer Pfanne mit etwas Öl anbraten. Das Tomatenmark und die grob zerdrückte Kartoffel dazugeben. Die Füllung mit Salz und Paprika würzen, gut durchmischen und anschließend auskühlen lassen.

Spinat-Feta-Füllung:
1 kleine Zwiebel
1 Knoblauchzehe
350 g Blattspinat, TK
Salz nach Wunsch
Pfeffer aus der Mühle
Muskat nach Wunsch
Chilipulver wenn gewünscht
Öl zum Braten
200 g Feta

Hackfleischfüllung:
600 g Rinder-Hackfleisch
2 mittlere Zwiebeln
100 g Joghurt
20 g Tomatenmark
Salz
Pfeffer
Thymian
Basilikum
Etwas Olivenöl

Spinat-Feta-Füllung:
Den Spinat in einem Sieb auftauen lassen und dann hacken. Den Knoblauch schälen und entweder pressen oder kleinschneiden und mit der Messerseite zu einer Paste zerdrücken. Die Zwiebel in kleine Würfel schneiden. Knoblauch und Zwiebeln in einer Pfanne mit etwas Öl kurz andünsten. Den Spinat dazugeben und mit Salz, Pfeffer, Muskat und etwas Chilipulver würzen.

Wenn alles durcherhitzt ist, die Masse in eine Schüssel geben. Dann wird noch der Feta hinein gebröselt und alles gut vermischt. Die Masse gut abkühlen lassen.

Hackfleischfüllung:
Öl in der Pfanne erhitzen und gehackte Zwiebeln glasig dünsten, dann das Hackfleisch dazu geben und so lange anbraten, bis das Hackfleisch krümelig ist.

Nun das Tomatenmark dazu geben und etwas anrösten. Anschließend alles mit dem Joghurt vermischen und mit Salz und den Kräutern abschmecken. Dann die Masse in eine Schüssel auskühlen lassen.

Herstellung der Burek:
Den Teig in 8 Stücke und dann zu Stangen formen. Dann mit einem feuchten Küchentuch abdecken.

Jetzt eine Stange so dünn und lang es geht ausrollen. Immer darauf achten, dass der Tisch nicht zu wenig gemehlt ist (z. B. mit Reismehl) sonst klebt der Teig schnell am Tisch fest.

Der Teig kann hauchdünn ausgerollt werden. Dafür bitte aber Zeit nehmen, denn es dauert etwas, bis er wirklich sehr dünn ist, mit zu viel Druck und Geschwindigkeit reißt der Teig schnell ein.

Wenn der Teig hauchdünn ausgerollt ist, dann das überschüssige Mehl abkehren und die Oberfläche der Teigplatte dünn mit Olivenöl einstreichen. Dann die Füllung am Rand mit etwas Abstand zur Hälfte verteilen.

Den Rand über die Füllung legen und dann das Ganze aufrollen. Anschließend zu einer Schnecke aufrollen und auf ein Backblech mit Backpapier legen.

Den Ofen auf 200 °C Umluft (210 °C Ober-/Unterhitze) vorheizen.

Wenn der Burek geformt ist, diesen mit Öl dünn abstreichen und wenn gewünscht, mit Sesam oder dergleichen bestreuen. Im vorgeheizten Backofen so lange backen, bis er eine goldbraune Farbe bekommen hat.

Frühlingsrollen

Filoteig:

260 g Dr. Schär Mix Brot
80 g Maisstärke
5 g Salz
220–240 g Wasser
10 g Tafelessig
20 g Olivenöl

Herstellungszeit Teig: 20 Min.
Teigruhezeit: mind. 2 Std. besser über Nacht
Herstellungszeit Füllungen: je nach Füllung bis zu 30 Min.
Herstellungszeit Frühlingsrollen: 45 Min.
Zeit zum Frittieren der Frühlingsrollen: ca. 8–10 Min. je nach Temperatur des Fettes
Zeit zum Dampfen der Frühlingsrollen: ca. 10–12 Min.

Filoteig:

Alle Zutaten in die Rührschüssel der Küchenmaschine geben. Zunächst mit dem Knethaken für 30 Sek. auf der langsamsten Stufe vermischen, danach für 4 Min. auf mittlerer Stufe kneten. Während des Knetens immer wieder festklebenden Teig vom Schüsselrand nach unten kratzen.

Nach dem Kneten soll sich der Teig formbar und leicht klebrig anfühlen.

In Frischhaltefolie einpacken und über Nacht im Kühlschrank lagern; durch die Wartezeit quillt er nach und lässt sich dann besonders dünn rollen.

Am nächsten Tag beim Ausrollen recht viel Reismehl verwenden, nur so kann der Teig dünn genug (< 1 mm) ausgerollt werden.

Vegetarische Füllung:

Etwas Erdnussöl in der Pfanne erhitzen und den Kohl und die geraspelte Möhren weich dünsten. Dann die Mungobohnenkeimlinge dazu geben und alles gut erhitzen.

Währenddessen einen kleinen Topf mit Wasser zum Kochen bringen. Danach vom Herd nehmen, die Glasnudeln ins heiße Wasser geben und für 5 Min. ziehen lassen. Anschließend in ein Sieb geben und etwas abtropfen lassen.

Die gekochten Glasnudeln zum Gemüse geben und gut vermischen. Anschließend mit Sesamöl, Chilisauce oder Sambal Olek und Salz würzen. Die Füllung in eine Schüssel geben und auskühlen lassen.

Herstellung der Frühlingsrollen:

Den Teig in 4–6 Stücke teilen und unter einem feuchten Tuch aufbewahren.

Ein Teigstück dann mit z. B. Reismehl hauchdünn viereckig ausrollen und dann in längliche Vierecke in gewünschter Größe der Frühlingsrollen schneiden.

Die Teigstücke mit dem »Kleber« sehr dünn einstreichen und dann die Füllung in ausreichender Menge in die Mitte des Teigstückes geben.

Nun die linke und rechte Seite nach innen auf die Füllung klappen und von oben den Teig über die Füllung legen. Dann nicht zu locker die Frühlingsrolle aufrollen und mit dem Schluss nach unten auf ein Tablett mit Backpapier legen. Diesen Vorgang so oft wiederholen, bis der Teig aufgebraucht ist.

Frittieren:

Das Fett zum Frittieren auf 165 °C bis 175 °C aufheizen und die Frühlingsrollen portionsweise ausbacken, bis die Rollen eine schöne gold-braune Farbe haben. Auf einem Küchenkrepp abtropfen lassen.

Dämpfen:

Zum Dämpfen die Frühlingsrollen in den leicht geölten Dämpfaufsatz geben und ca. 15–20 Min. mit geschlossenem Deckel dämpfen lassen. Je nach Gerät, z. B. Thermomix®, Kochtopf oder ähnlichem, kann die Garzeit variieren.

Vegetarische Füllung:

1/3 Kopf Weißkohl
1 Dose Mungobohnenkeimlinge
50 g Glasnudeln
1 große Möhre
Einige frische Minzblätter
Erdnussöl
Sesamöl
Chilisauce oder Sambal Olek

»Kleber« zum Einstreichen:

20 g Maisstärke
20 g Mix Brot
40 g Wasser
Miteinander in einer Tasse gut vermischen.

Tipp:

Sie können auch runde Teigstücke ausstechen (z. B. einer Schüssel) und sie als Taschen füllen.

Baklava

Filoteig:
260 g Dr. Schär Mix Brot
80 g Maisstärke
5 g Salz
220–240 g Wasser
10 g Tafelessig
20 g Olivenöl

Füllung:
200 g Pistazien, ungesalzen
200 g Nüsse, fein gemahlen
100 g Puderzucker
1 TL Zimt
½ TL Kardamom

Zuckersirup:
220 g Wasser
330 g Zucker
25 g Zitronen- oder Orangensaft

Zusammensetzung Baklava:
Filoteig
Füllung
150 g Ghee oder Butter, flüssig
Zuckersirup, abgekühlt, aromatisiert nach Wunsch

Für eine 30 × 30 cm Form

Herstellungszeit Teig: 20 Min.
Teigruhezeit: mind. 2 Std., besser über Nacht
Herstellzeit Füllung: 30 Min.
Herstellzeit Baklava: 30–45 Min.
Backzeit: 25–35 Min.

Alle Zutaten in die Rührschüssel der Küchenmaschine geben. Zunächst mit dem Knethaken für 30 Sek. auf der langsamsten Stufe vermischen, danach für 4 Min. auf mittlerer Stufe kneten. Während des Knetens immer wieder festklebenden Teig vom Schüsselrand nach unten kratzen. Nach dem Kneten soll sich der Teig formbar und leicht klebrig anfühlen.

In Frischhaltefolie einpacken und über Nacht im Kühlschrank lagern; durch die Wartezeit quillt er nach und lässt sich dann besonders dünn rollen.

Am nächsten Tag beim Ausrollen recht viel Reismehl verwenden, nur so kann der Teig dünn genug (< 1 mm) ausgerollt werden.

Füllung:
Die Pistazien im Mixer fein hacken und mit den restlichen Zutaten gründlich vermischen.

Zuckersirup:
Das Wasser zusammen mit dem Zucker aufkochen, für 20 Min. köcheln lassen. Den Saft unterrühren und auskühlen lassen.

Zusammensetzung Baklava:
Die Form mit Ghee oder der flüssigen Butter ausstreichen.

Den Filoteig dritteln. Ein Drittel des Teiges hauchdünn mit viel Reismehl ausrollen. Ein Stück in Größe der Auflaufform schneiden, überschüssiges Mehl abpinseln, in die Form legen und dünn mit Ghee oder Butter abstreichen. Diesen Vorgang so lange wiederholen, bis das Teigdrittel aufgebraucht ist.

Von der Nussfüllung 3 EL auf Seite tun und die Hälfte der übrigen Nussfüllung auf den Teiglagen verteilen.

Das zweite Teigdrittel wie oben zuschneiden, in die Auflaufform legen und die einzelnen Schichten fetten. Den Teig aufbrauchen. Mit der restlichen Nussfüllung bedecken.

Das letzte Teigdrittel wiederum so verarbeiten.

Die Baklava nun nach Wunsch in Form schneiden. Das restliche Ghee, oder die restliche Butter vorsichtig auf der Oberfläche verteilen.

Den Ofen auf 160 °C Umluft bzw. 170 °C Ober-/Unterhitze vorheizen, die Baklava im Ofen für 25–35 Min. goldbraun backen.

Noch heiß mit dem abgekühlten Zuckersirup übergießen, die Schnitte noch einmal nachschneiden und die zurückbehaltenen Nussbrösel auf den einzelnen Portionen als Deko aufstreuen.

Grießnockerl würzig

Vegan, lactose- und glutenfrei

200 g Dr. Schär Farine
80 g Pflanzenmargarine
300 g Wasser
3 g Salz
Muskat nach Wunsch
Petersilie gehackt nach Wunsch

Herstellungszeit: 30 Min.
Kochzeit: ca. 20 Min.

Das Wasser, Salz, Muskat und die Margarine zum Kochen bringen und das Mehl und die gehackte Petersilie zügig unterrühren.

Masse vom Herd nehmen und in eine Schüssel geben. Mit Frischhaltefolie abdecken (Folie direkt auf die Masse drücken, so trocknet die nicht aus).

Wenn sie kalt ist, die Konsistenz prüfen. Sie sollte so sein, als ob man mit dem Daumen der rechten Hand auf die Handfläche unter dem Daumen der linken Hand drückt.

Ist sie zu fest, einfach etwas Wasser nachgeben, aber nicht vergessen ggf. nachzuwürzen.

Ist sie zu weich, einfach etwas Farina dazu geben, gut durchkneten und nochmals 10 Min. quellen lassen.

Einen großen Topf mit gesalzenem Wasser zum Kochen bringen, während die Nockerl mit einem Löffel geformt werden.

Tipp:
Den Löffel immer wieder beim Formen in heißes Wasser tunken.

Die Nockerl ins Wasser geben und unter leichtem Kochen ohne Deckel ca. 10 Min. kochen lassen. Dann den Topf vom Herd nehmen und weitere 10 Min. ziehen lassen.

Marillenknödel

300 g Topfen (Quark)
200 g Dr. Schär Farine
60 g weiche Butter
10 g Vanille-Zucker
50 g Ei
2 g Salz
10 kleine Marillen (Aprikosen)
10 Stk. Würfelzucker

Für die Garnitur:
100 g gf Semmelbrösel (z. B. selber mahlen aus alten hellen Brötchen nach meinem Rezept)
100 g Butter
Zimtpulver
Puderzucker

Herstellungszeit: 1 Std.
Kochzeit: 10–13 Min.

Weiche Butter, Vanillezucker und Salz zusammen schaumig rühren. Das Ei mit dem Topfen vermischen und mit dem Mehl unter die Butter heben.

Teig zu einem kurzen Strang formen, in Frischhaltefolie einpacken und 30 Min. im Kühlschrank ruhen lassen.

Währenddessen die Marillen entkernen und den Kern durch ein Stk. Würfelzucker ersetzen.

Nach den 30 Min. den Teig zu einem Strang von ca. 5 cm Durchmesser auf einer leicht bemehlten Arbeitsfläche rollen und in 10 gleiche Stücke schneiden.

Diese Scheiben etwas flacher drücken und je eine gefüllte Marille auflegen. Den Teig dann über der Marille zusammenschlagen, fest verschließen und zu einem Knödel rollen. Die gerollten Knödel dann auf einer leicht bemehlten Arbeitsfläche ablegen.

Einen großen Topf mit leicht gesalzenem Wasser zum Kochen bringen. Wenn das Wasser kocht, die Knödel ins Wasser geben und 10–13 Min. leicht köchelnd ziehen lassen. Immer wieder dabei die Knödel vorsichtig umrühren, damit sie nicht ansetzen.

Während die Knödel im Wasser garen, die Butter für die Garnitur in einer Pfanne schmelzen, Semmelbrösel und etwas Zimtpulver zugeben und gold-gelb rösten lassen. Gegen Ende der Röstzeit kräftig mit Puderzucker nochmal zuckern, unterrühren und karamellisieren. Wenn das Paniermehl fertig geröstet und karamellisiert ist, alles auf ein Blech oder großen Teller schütten und auflockern.

Die fertig gegarten Knödel nacheinander in den vorbereiteten Semmelbrösel wälzen und anrichten. Dann nochmals mit Puderzucker bestreuen.

Variante mit Kartoffelteig:

600 g mehlig kochende, passierte Kartoffeln
180 g Dr. Schär Farine
20 g Eigelb
3 g Salz
40 g flüssige Butter
Etwas geriebene Zitronenschale für das Kochwasser

Variante mit Kartoffelteig:

Die Kartoffeln auskühlen lassen. Nach dem Pressen und mit den restlichen Zutaten dann zügig einen glatten Teig herstellen.

Den Teig zu einem Strang rollen und in 10 gleiche Stücke schneiden.

Diese Scheiben etwas flacher drücken und je eine gefüllte Marille auflegen. Den Teig dann über der Marille zusammenschlagen, fest verschließen und zu einem Knödel rollen. Die gerollten Knödel dann auf einer leicht bemehlten Arbeitsfläche ablegen.

Einen großen Topf mit leicht gesalzenem Wasser und der Zitronenschale zum Kochen bringen. Wenn das Wasser kocht, die Knödel ins Wasser geben und 10–12 Min. leicht köchelnd ziehen lassen. Immer wieder dabei die Knödel vorsichtig umrühren, damit sie nicht ansetzen. Bitte aufpassen, dass sie nicht platzen.

Der Rest ist wie oben angegeben.

Nachgemacht von Petra Svoboda

Saarländische Hoorische in Speckrahmsauce

Klöße:

1 kg Kartoffeln, festkochend
1 kg Kartoffeln, mehligkochend
150 g Dr. Schär Farine
Salz und Muskatnuss

Sauce:

250 g Speck, weiß oder gut durchwachsen
1 Zwiebel, mittel
200 g Sahne
200 g Gemüsebrühe
20 g Farine
30 g Butter
Ggf. Salz und Pfeffer
Ggf. Petersilie oder Schnittlauch

Ergibt ca. 22 Klöße

Herstellungszeit Klöße: 1 Std. 45 Min.
Kochzeit: 20–25 Min.
Herstellungszeit Speckrahmsauce: 20 Min.

Die festkochenden Kartoffeln kochen, schälen und, am besten noch warm, durch die Kartoffelpresse drücken. Zur Seite stellen, gut ausdampfen und abkühlen lassen.

In der Zwischenzeit den Speck und die Zwiebel in feine Würfel schneiden.

Die mehligkochenden Kartoffeln schälen und fein reiben. Die geriebene Masse in ein sauberes Tuch geben und gründlich auspressen.

Nun die rohe Kartoffelmasse zu den abgekühlten, gekochten Kartoffeln geben, das Mehl hinzufügen und mit Salz sowie Muskatnuss würzen. Alles gut miteinander vermengen. Die Masse sollte Bindung haben, aber nicht zu trocken oder fest sein. Weitere Gewürze, z. B. Pfeffer, nach Wunsch hinzufügen. Für 30 Min. ruhen lassen.

In einem sehr großen Topf reichlich gut gesalzenes Wasser zum Kochen bringen. Die Hoorische typisch länglich formen. Ins Wasser geben und die Temperatur reduzieren. Die Klöße dürfen nicht kochen, sondern sollen für ca. 20 bis 25 Min. bei geschlossenem Deckel nur ziehen. Nach dieser Zeit eine Garprobe machen und u. U. noch etwas länger ziehen lassen.

Währenddessen die Specksauce zubereiten. Dazu die Speckwürfel in einer Pfanne auslassen, bis die Grieben goldgelb sind.

Die Zwiebelwürfel kurz mit anschmoren.

In einem kleinen Topf Butter schmelzen und heiß werden lassen. Das Farine zugeben und unter Rühren nicht zu lange anrösten. Unter ständigem Rühren mit der Brühe ablöschen (je länger man abröstet, desto stärker wird die Bindung, das Mehl darf aber nicht braun werden).

Die Sahne zufügen, einmal aufkochen, und sollte die Sauce zu dick sein, einfach mit etwas Brühe verflüssigen. In die Pfanne zu der Speck-Zwiebelmischung gießen.

Gegebenenfalls noch einmal mit Pfeffer, evtl. etwas Petersilie oder Schnittlauch abschmecken. Nur salzen, wenn Brühe und Speck nicht schon ausreichend salzig sind.

Die Klöße mit der Schaumkelle aus dem Wasser heben, auf einem Teller anrichten, die Sauce darüber geben und servieren.

An der Saar wird gerne Sauerkraut oder Salat dazu gereicht.

Hinweis:

Hoorische bedeutet »Haarige« und bezieht sich darauf, dass die Oberfläche der Knödel rau bleibt, durch die geriebenen Kartoffeln.

Tipp:

Auf dem Boden des Topfes setzen sich viele geriebene Kartoffeln, die »Haare« ab. Einfach am Ende mit dem Schaumlöffel rausfischen und unter die Sauce geben.

Waldviertler Mohnzelten

Füllung:

300 g gemahlener Mohn
100 g Milch
100 g Ei
25 g Rum oder 1x Rum-Aroma
100 g Zucker
10 g Vanille-Zucker
60 g Maisstärke

Teig:

350 g Kartoffeln (mehlig kochend)
475 g Dr. Schär Farine
200 g weiche Butter
50 g Ei
50 g Milch
4 g Salz

zum Abstreichen:

1 verquirltes Ei

Ergibt 14 Stück

Herstellungszeit Füllung: 45 Min.
Herstellungszeit Teig: 45 Min.
Backzeit: 15–20 Min.

Füllung:

Maisstärke mit etwas Milch und den Eiern anrühren.

Restliche Milch mit Zucker, Rum und Vanille zum Kochen bringen.

Mohn unterrühren und wenn es wieder köchelt, die Milch-Eier-Maisstärke-Mischung sehr schnell einrühren und unter ständigem Rühren bis zum Kochen erhitzen.

Direkt in eine neue Schüssel geben, mit Frischhaltefolie abdecken und auskühlen lassen.

Nach dem Auskühlen die Mohnfüllung in 50 g Stücke abwiegen und zu Kugeln formen und auf einen Teller legen.

Teig:

Die Kartoffeln weich kochen, direkt schälen und heiß durch eine Kartoffelpresse drücken oder stampfen.

Den Ofen auf 180 °C Umluft oder 190 °C Ober-/Unterhitze vorheizen.

Alle Zutaten für den Teig in die Schüssel geben und mit dem K-Rührer zu einem Teig glatt verkneten.

Herstellung der Mohnzelten:

Den Teig in jeweils 80 g schwere Stücke abwiegen und zu Kugeln formen.

Die Teigkugeln flach so groß ausrollen, dass man mit ihnen die Mohnkugeln umhüllen kann.

Dann alle Mohnfüllung-Kugeln mit dem Teig umhüllen und gut verschließen.

Alle auf ein Backblech mit Backpapier legen und etwas flach drücken.

Keine Sorge wegen des Platzes, denn die Gebäcke bekommen nicht viel mehr Volumen.

Alle Mohnzelten mit dem verquirlten Ei abstreichen und mit einer Gabel mehrmals an der Oberfläche einstechen. Die Gabel dafür zwischendurch in ein Glas mit Wasser tunken, dann klebt sie nicht am Teig fest.

Dann die Mohnzelten in den Ofen geben (ohne Wasserdampf) und ca. 15–20 Min. backen. Sie sollten gold-gelb sein.

Wenn gewünscht, können die Mohnzelten mit Puderzucker nach dem Backen bestäubt werden.

Tipp:

Der Teig für die Mohnzelten kann auch mit z. B. Hackfleischfüllung, Gemüse oder anderem gefüllt werden.
Da der Teig ohne Zucker ist, eignet er sich auch für deftige Füllungen.

Nachgemacht von Manuela Jaszy

Kartoffel-Waffeln

1 kleine Zwiebel
1 kleine Knoblauchzehe
250 g Kartoffeln
1–1,5 Stängel Majoran
oder 1 Esslöffel Majoran getrocknet
100 g Ei
35 g Dr. Schär Farine
Muskatnuss
Fett fürs Waffeleisen

Sauerrahm-Dip:
1 Becher Sauerrahm
1–2 Knoblauchzehen
1 Bund Schnittlauch
oder 1 Esslöffel getrockneter Schnittlauch
1 Spritzer Zitronensaft
Pfeffer
Salz

4–6 Stück

Herstellungszeit Waffeln: 15 Min.
Backzeit von 2–4 Min., je Waffel und Waffeleisen
Herstellungszeit Sauerrahm-Dip: 10 Min.

Nachgemacht von Moni Münster

Für die Waffeln Zwiebel und Knoblauch schälen und fein hacken.

Kartoffeln schälen. Die Hälfte davon grob, die andere Hälfte auf der Rohkostreibe fein raspeln. Kartoffelraspel portionsweise zwischen den Händen ausdrücken.

Majoran abspülen, trocken schütteln und die Blättchen abzupfen. Zwiebeln, Knoblauch, Kartoffelraspel und Majoran mit Eiern und Mehl verrühren. Mit Salz, Pfeffer und Muskatnuss herzhaft würzen.

Das Waffeleisen vorheizen, die Backflächen dünn einfetten. Etwa 3 EL Teig mit einer Palette auf der unteren Backfläche verteilen und das Waffeleisen schließen. Jede Waffel in ca. 2 Min. knusprig-hellbraun backen.

Sauerrahm-Dip:

Den Sauerrahm in eine Schüssel geben. Knoblauch fein hacken und in die Schüssel geben oder direkt in die Schüssel pressen.

Schnittlauch waschen und in feine Röllchen schneiden und zum Sauerrahm geben. Alles gut vermischen und mit etwas Salz, Pfeffer und Zitronensaft vorsichtig abschmecken.

Kaltstellen und vor dem Servieren noch einmal abschmecken.

Tipp:

Es kann auch 50 g geriebener Käse zur Masse gegeben werden oder Schinkenwürfel oder ähnliches. Auch mit Schnittlauch, Lauch, Mais, Möhren usw. ist dies möglich. Bei Möhren ist die Menge der Kartoffeln um die Menge der Möhren zu reduzieren.

Kartoffeltaler

750 g Kartoffeln
125 g Quark
100 g Ei
5 g Salz
175 g Dr. Schär Farine
10 g Schnittlauch
Pfeffer und Muskat nach Geschmack

2 Portionen

Herstellungszeit: 45 Min.
Kochzeit: ca. 2×5 Min.

Nachgemacht von Felicitas Spatzeck

Kartoffeln mit Schale kochen, kurz mit kaltem Wasser abschrecken und noch warm schälen.

Die Kartoffeln warm durch eine Kartoffelpresse drücken oder stampfen, aber nie in den Mixer geben, dann wird die Masse zäh und wie Kleister. Die gepressten Kartoffeln auskühlen lassen.

Alle restlichen Zutaten zu den ausgekühlten gepressten Kartoffeln geben und gut vermengen, so dass die Masse homogen ist. Kräftig abschmecken nicht vergessen.

Die Masse nun 10 Min. quellen lassen und dann ca. 14 bis 16 Taler à 75 g formen.

Diese dann Butter oder Öl bei mittlerer Hitze 5 Min. je Seite ausbacken.

Nachgemacht von Feemke Haas